Lenka Reinerová

Alle Farben der Sonne und der Nacht

Lenka Reinerová

Alle Farben der Sonne und der Nacht

Aufbau-Verlag

ISBN 3-351-02969-1

1. Auflage 2003

Einbandgestaltung Henkel/Lemme
Druck und Binden GGP Media, Pößneck
Printed in Germany

www.aufbau-verlag.de

Für Anna, meine Tochter

Ich mußte wehrloser, machtloser Zeuge sein des unvorstellbaren Rückfalls der Menschheit in längst vergessen gemeinte Barbarei mit ihrem bewußten und programmatischen Dogma der Antihumanität.

Aber paradoxerweise habe ich auch in eben derselben Zeit ... dieselbe Menschheit im Technischen und Geistigen sich zu ungeahnten Taten erheben sehen, mit einem Flügelschlag alles in Millionen Jahren Geleistete überholend ...

Stefan Zweig, Die Welt von gestern, 1944

Vor allem ein offenes Wort

Diesmal brauchte ich lange, nicht Wochen und Monate, sondern ganze Jahre, ehe ich mich zu dem Entschluß durcharbeitete, nun doch noch einmal eines der schlimmsten Kapitel auf meinem Lebensweg aufzuschlagen. Sollte ich einen so bösen Stoff in mir und für die Menschen der heutigen, ganz anderen Zeit erneut aufrollen? Will ich das überhaupt, oder muß ich es einfach tun?

In den Jahren unmittelbar nach dem zweiten Weltkrieg brauchten die Menschen im gemarterten Europa eine Hoffnung, ein Versprechen für eine lebenswerte Zukunft. Die nahm in der Bewegung für einen dauerhaften Weltfrieden eine beinahe konkrete Gestalt an. Picasso schuf für sie seine kämpferische Friedenstaube, Persönlichkeiten aus aller Herren Länder waren bereit, mit anzupacken. Es war fast wie ein Frühlingssturm nach schier endlos langem Winter.

Da brach der Frost des kalten Krieges entgegengesetzter Machtansprüche aus und setzte den keimenden Hoffnungen ein jähes Ende. In Amerika in Form einer Hetzjagd vor allem auf fortschrittliche Künstler im Namen eines Senators McCarthy. Auf unserem Kontinent im Namen Stalins mit mörderischen Prozessen gegen Menschen, die es wagten oder auch nur wagen könnten, mit dem gegebenen Regime nicht einverstanden zu sein. Von der konturlosen Welle unbegründeten Verdachts wurde auch ich erfaßt.

Mit diesem Erlebnis habe ich mich ziemlich bald, nachdem es stattgefunden hat, sozusagen am Tatort, in tschechischer Sprache auseinandergesetzt, ich wollte festhalten, daß Unentschuldbares begangen wurde, wollte diese Schande zu Hause anprangern. Es mußte jedoch noch viel geschehen, ehe ich mich dazu durchringen konnte, auch über die

Grenzen meines Heimatlandes hinaus darüber zu berichten.

Am Ende der fünfziger und zu Anfang der sechziger Jahre des inzwischen schon vergangenen Jahrhunderts wollte ich das Ungeheuerliche, für mich völlig Unbegreifliche der sogenannten politischen Prozesse, noch verstört und in meiner bisherigen Ideologie befangen, anklagen, war bemüht, meinen Verfolgern, aber auch mir selbst zu beweisen, daß ich absolut »unschuldig« war. Aber war ich das wirklich?

Ging ein Zipfelchen, eine Faser des unverzeihlichen Geschehens nicht auch auf mein Konto? Gewiß, die unsinnigen Verbrechen, die man mir andichtete, und die völlig irrsinnigen und gemeinen Anschuldigungen – zu viele menschliche Kontakte, Exil im Westen, jüdische Herkunft, jugoslawischer Gatte – konnte ich nur empört und verständnislos von mir weisen. Sie kamen aus einer anderen Welt, die für mich gar nicht existierte.

Als ich mich zum ersten Mal mit diesem Thema befaßte und es in seiner damaligen Form endlich 1968, im Jahr des Prager Frühlings, von einem tschechischen Verlag zur Veröffentlichung übernommen wurde, war ich noch in dem Glauben, die so verheißungsvolle Idee einer sozial gerechten, von Rassenwahn und Übermenschentum befreiten Gesellschaft könnte in einer gründlich gesäuberten, mit allen neuen Erkenntnissen bereicherten und kühn erfrischten sozialistischen Ordnung verwirklicht werden. Inzwischen hat mir die sich überstürzende Entwicklung eine harte Lektion erteilt.

Lange, allzu lange dachte ich immer noch, trotz aller verwerflichen Auswüchse, einer guten Sache zu dienen, die bislang unterdrückten Menschen einen gerechten Platz an der Sonne sichern sollte. Vielleicht hing das auch damit zusammen, daß ich von jeher eher gefühlsmäßig als rational reagierte.

Diktatur des Proletariats, also der »Verdammten dieser Erde«, schien mir eine vertretbare Forderung zu sein. Inzwischen weiß ich, daß absoluter Machtanspruch, der sich unter welchen Vorzeichen auch immer – politischen, moralischen, religiösen – anmaßt, Untaten zu rechtfertigen, nicht toleriert werden darf. So hält, was ich vor beinahe fünf Jahrzehnten geschrieben habe, in seiner einstigen Art selbst vor mir nicht mehr stand. Wenn ich diesen Stoff jetzt nach reichhaltigen und vielfältigen Erfahrungen, nach all den bitteren Enttäuschungen, schwerwiegenden Erkenntnissen, aber auch beglückenden Bereicherungen nun doch in gekürzter und zugleich wesentlich erweiterter Form von neuem durch Kopf und Herz ziehen lasse, so tue ich es, weil ich in den vielseitigen Berichten über die turbulenten Begebenheiten in meinem Leben jene schicksalsschweren Jahre nicht umgehen kann und will. Und weil ich selbst in diesem Zusammenhang neben sehr Bösem auch Gutes über Menschen und ihr Handeln zu erzählen weiß.

»Das geht nicht«, meinte ein guter Freund von mir, ein tschechischer Schriftsteller, als ich ihm vor Jahren anvertraute, ich wolle meine neue Arbeit mit dem Titel »Die Farbe der Sonne und der Nacht« versehen. »Das geht nicht, da könnte man glauben, man bekommt ein Buch über van Gogh in die Hand.«

»Aber das macht doch nichts«, entgegnete ich und verriet nicht, daß mir der überraschende Zusammenhang mit dem wunderbaren Maler, der es zeitlebens so schwer hatte, sogar ausgesprochen gefiel.

Die Farbe der Sonne und der Nacht – so also sollte mein schwieriger Bericht damals heißen. Vielleicht, hoffte ich, könnte mir dieser Titel sogar helfen, Gutes und Zukunftverheißendes deutlicher von Verdammenswertem und Bösem zu trennen, wie strahlendes Sonnenlicht vom Dunkel der Nacht.

Alles begann an einem Freitag. Manchmal behält man durchaus belanglose Kleinigkeiten im Gedächtnis. Es war ein Freitag im Frühling des Jahres 1952, und ich arbeitete den ganzen Nachmittag am Hang eines kleinen Prager Parks. Unwillkürlich fiel mir dabei ein wohlbekannter und oft zitierter Vers eines tschechischen Klassikers ein:

> Pátek nešťastný je den,
> nechoď dceruško k vodě ven …
>
> Am Freitag fällt alles unglücklich aus,
> Ach, Töchterchen, geh nicht zum Wasser hinaus.
>
> *Karel Jaromír Erben*

Seit dem Tag, da man mir vor knapp drei Wochen ohne nähere Begründung kategorisch angeordnet hatte, die sofortige Auflösung meines Arbeitsverhältnisses im Rundfunk zur Kenntnis zu nehmen, verfügte ich plötzlich über einen nie dagewesenen Vorrat an Freizeit. Als ob man mich auf der ganzen Welt für nichts mehr brauchen würde. Für keine Arbeit, keine Aufgabe, nirgends und für nichts. Im ganzen Land war die Epoche »von oben« angeordneter, unanfechtbarer Kündigungen im Gang. Wer davon betroffen wurde, war fatal gekennzeichnet: Vertrauensverlust, verdächtig. Man erfuhr auch von Verhaftungen, konnte nichts begreifen, nicht einmal die Gefahr, in der man sich selbst befand.

Unser Telefon zu Hause klingelte mit einemmal nur ganz selten, fast alle Bekannten, denen ich zufällig auf der Straße begegnete, waren in großer Eile. Nur ausnahmsweise blieb jemand mit mir stehen. Lesen konnte ich in meiner Unruhe nicht, schreiben war sinnlos. Wer würde etwas von mir publizieren? So kam das Flugblatt mit der Aufforderung zur Teilnahme an einer freiwilligen Arbeitsbrigade »Für ein noch schöneres Prag« wie gerufen. Endlich würde ich mich wenigstens für ein paar Stunden wieder einmal natürlich fühlen, wenigstens einen Nachmittag einfach unter Menschen sein.

In dem Park mit den auf Bepflanzung wartenden Blumenbeeten erschienen nur ein paar Frauen. Eine Gruppe pausenlos kichernder Mädchen, zwei emsige Großmütter und ich. Es war ein heißer Tag. Die Mädchen entledigten sich bald verschiedener Kleidungsstücke. Auf einmal rief eines von ihnen, eine lustige Blondine in schwarzen Shorts und blau-gelb gestreiftem Ruderleibchen: »Schaut schnell, dort drüben marschiert eine Aufpasserin aus dem Pankrác-Kittchen. Die in der grünen Uniform mit den lila Schulterstücken. So was muß ein toller Job sein. Meine Mutter hat nach dem Krieg ein paar Wochen bei einem Richter die Wohnung geputzt. Was der zu Hause erzählt hat! Tolle Sachen, echt!«

Die Mädchen lachten, die Großmütter schienen nichts zu hören, mir war das Ganze irgendwie unangenehm, ich wußte nicht, warum.

In den frühen Abendstunden jenes Tages wurde ich geholt. Mein Mann und das Kind waren nicht zu Hause. Man sagte mir nicht, warum ich verhaftet wurde, auf alle meine Fragen hieß es nur: »Das wissen Sie selbst am besten.«

Ach, Töchterchen, geh nicht zum Wasser hinaus …

Als ich im September 1939, kurz nach Kriegsbeginn, in Paris verhaftet wurde, war Sommer. Durch das Fenster des Autos, das mich zum Polizeipräsidium transportierte, sah ich von den Bäumen am Straßenrand Kastanien hinunterpurzeln. Sie hüpften auf dem Gehsteig noch ein Stückchen weiter, und das war so fröhlich, daß ich lachen mußte. Der Beamte neben mir blickte mich erstaunt an, grinste unsicher, setzte aber schnell wieder eine ausdruckslose Polizeimiene auf. Die Verhaftung wirkte auf mich bestürzend, machte mich nervös, aber nicht fassungslos. Krieg ist Krieg, sagte ich mir, da kann schon allerhand passieren. Die Kastanien ficht das offenbar nicht an. Das empfand ich als tröstlich.

Die Farben der Sonne?

Als man mich nun im Jahr 1952 in meinem heimatlichen Prag verhaftete, war Frühling. Die Villa der Sicherheitsbehörde, in deren Keller ich zuerst eingeliefert wurde, stand in einem Garten. Wahrscheinlich blühten dort gerade die Bäume. Ich weiß es nicht. Der Tag war so schlimm, daß er keine tröstliche Erinnerung hinterlassen konnte.

Die Farben der Nacht.

Wie schon gesagt, geschah dies an einem Freitag, und für den Samstag hatten wir, mein Mann und ich, Kinokarten. Man gab »Das Mädchen mit dem weißen Haar«, eine Geschichte, die ich schon auf der Bühne gesehen hatte. Sie erzählte von einem einfachen chinesischen Mädchen namens Si-'r, das von einem brutalen Gutsbesitzer verfolgt wurde. Es gelang ihr, davonzulaufen und sich in den Bergen zu verstecken. Aber Angst und Leid bleichte über Nacht das Haar der jungen Si-'r. Am Morgen war es schneeweiß. Als dann die Revolution ausbrach, wurde der Gutsbesitzer von den erzürnten Dorfbewohnern vor Gericht gestellt.

In den ersten Stunden meiner Haft beunruhigte mich die lächerliche Sorge, ob ich rechtzeitig freikommen und den Film nicht versäumen würde. Als ob gerade das nun wichtig wäre. Als ob ich nicht wissen mußte, daß ich jetzt weitaus mehr versäumen würde als eine Kinovorstellung.

Das erste Verhör zog sich vom Tag bis in die Nacht und aus der wiederum in den nächsten Tag hinein. Meine Müdigkeit nahm verschiedene Formen an. Ich verspürte kaum Hunger oder Durst, konnte mich nur überhaupt nicht mehr konzentrieren. Die Gedanken liefen ganz unabhängig von meinem Willen auseinander, und am Ende eines jeden klaffte der Abgrund uferloser Ausweglosigkeit. Komme ich von hier überhaupt je wieder los? Und zu Hause? Ist Duško da? Wer ist bei dem Kind? Was hier gespielt wird, ist purer Wahnsinn, und alle Bemühungen dagegen sind zwecklos. Hätte der Mann, der an der Tür Wache steht, eine längere Nase, wäre er ein Geier und könnte mir die Augen auspicken. In einem gläsernen Aschenbecher auf dem Tisch glimmten Zigarettenstummel. Ich mußte ständig hinschauen. Auf einmal interessierte mich, ob zuerst der Zigarettenrest links, nach ihm der rechts und erst dann der geknickte in der Mitte verlöschen würde. Der geknickte – wie ein Baumstumpf über einem qualmenden Vulkankrater. Ach Mexiko, Vulkane und Palmen …

Der Mann auf dem Stuhl hinter dem Tisch langte nach dem Aschenbecher und entleerte seinen Inhalt in den Papierkorb. Dann goß er ein Glas Wasser darüber. Es zischte, und scheußlicher Gestank verbreitete sich.

Mit einemmal ähnelte der verhörende Beamte einem zornigen Chinesen. Auch sein breiter goldfarbener Gürtel um die grüne Uniform trug dazu bei. Und er redete und redete. Mit erhobener Stimme, die mir in den Ohren kreischte, dann wieder im Flüsterton, so daß ich ihn kaum verstehen konnte. Kein Wunder! Sprach er doch offenbar chinesisch auf mich ein. War er etwa der böse Gutsbesitzer aus dem Märchen?

Plötzlich erschrak ich. Und wenn mein Haar auch jäh erbleichte? War es schon weiß? Verstohlen strich ich mir über den Kopf, als ob Farbe mit einer Berührung festgestellt werden könnte. Aber immer prüfte ich alles gern mit den Händen. Als ich zum ersten Mal wirklich liebte, glaubte ich, meine Hände könnten zum Ausdruck bringen, was mein Mund nicht auszusprechen wagte. Hände können viel über einen Menschen aussagen.

Hände. Man sagt: jemandem auf die Hände schauen. Das machte ich oft. Aber nicht, um einem Vorgehen nachzuspüren oder auf etwas aufzupassen, vielmehr um jemanden, um etwas zu erkennen. Meine eigenen Hände betrachte ich als verläßliche Gefährten, die mir beistehen und immer mit mir sind.

Vor vielen Jahren wurde ich als ganz junges Ding bei einer Arbeitslosendemonstration, an der ich aus Solidarität teilnahm, zum ersten Mal auf einem Polizeikommissariat vorgeführt. Dort mußte ich warten und ertastete dabei mit den Fingern eine winzige Aushöhlung in dem Holzgeländer, das die Festgehaltenen von den Beamten trennte, und strich sanft über sie hinweg. Wie viele verstörte Menschen, schuldige und unschuldige, hatten sich hier wohl schon in ihrem Elend festgehalten.

In Paris ballte ich beim Verhör vor dem Untersuchungsrichter oft die Faust. Heimlich, in der Manteltasche oder unter dem Tisch, wo es niemand sehen konnte. Das war keine leere Geste des Aufruhrs. Je fester ich meine Faust schloß, um so mehr fühlte ich, wie mein Blut pulsierte. Das beruhigte mich. Ich lebte, wollte und würde leben.

Aber jetzt, hilflos einer völlig unbegreiflichen Lage ausgeliefert, war ich nicht imstande festzustellen, ob mein Haar nicht weiß geworden war. Meine Hände sanken in den

Schoß zurück. Der Bedrohliche mit dem goldenen Gürtel, der gefürchtete Gutsbesitzer, redete immer noch. Er wußte nicht, daß er sich einer Sprache befleißigte, die ich überhaupt nicht verstand.

Aber was konnte man hier verstehen? Die Fragen, die einem auflauerten wie Schlingen im Dickicht versteckter Fallen, oder den monströsen Verdacht, der, obwohl nicht klar ausgesprochen, die Luft im Raum dennoch zum Ersticken verdichtete? Ungeheuerlich war, was man mir in düsteren Andeutungen vorzuwerfen und anzuheften versuchte. Wie Spinnweben klebten die geifernden Worte an mir fest, vergeblich versuchte ich, mich von ihnen zu befreien, ratlos, entsetzt, schon in den ersten Stunden zutiefst verletzt.

Ein bodenloser Sumpf – und man kann sich nicht rühren, denn bei jeder Bewegung, mit jedem Wort läßt er einen nur noch tiefer einsinken. Aber was, um Himmels willen, was soll all das bedeuten? Warum der irrsinnige Versuch, mich Verbrechern anzureihen? Das sei leider ein logisches Resultat, eröffnete man mir.

Ein Resultat? Wovon? Von der Notwendigkeit der Zeit, wurde ich belehrt. Aber wann war eine Zeit angebrochen, die es scheinbar erforderte, daß Lüge zur Wahrheit wird? Warum verlangte man so bedingungslos Lügen?

Einen Monat lang wurde ich in einer improvisierten Zelle im Kellergeschoß einer prächtigen Villa der Staatssicherheit festgehalten. Dann wurden mir eines Morgens die Augen verbunden, man verfrachtete mich in ein Fahrzeug und fuhr los. Alles ohne ein einziges Wort der Erklärung. Als das Auto nach einer gewissen Zeit stehenblieb, wurde ich hervorgeholt – ständig mit verbundenen Augen – und in irgendein Gebäude geführt. Abgestandene kalte Luft umwehte mich. Ein Tor knarrte, ich wurde irgendwo hineingeschoben, und nun kam das Kommando: »Nehmen Sie das Zeug von den Augen!«

Ich stand in einer Gefängniszelle, am Anfang meiner Einzelhaft. Daß die Anstalt das berüchtigte Ruzyně war, sagte mir niemand.

Die Verhöre, die nun einsetzten, waren unregelmäßig, aber häufig. Meistens am Tag, manchmal wurde ich aber auch in der Nacht vorgeführt.

Draußen war Frühling. Die Menschen freuten sich auf ihren Urlaub, schmiedeten Ferienpläne. Manchmal regnete es, dann schien wieder die Sonne. Gute Tage wurden von schlechteren abgelöst, alltägliche Freuden von alltäglichen Sorgen. Und inmitten der schönen, scheinbar ruhig dahinlebenden Stadt standen Gebäude, vor deren schweren, hermetisch geschlossenen Toren das Leben, das offenbar ruhige, alltägliche Leben, haltmachen mußte. Hier hatte es keinen Einlaß, hier herrschten andere Gesetze.

Nach durchwachter Nacht hockte ich wiederum in der Ecke des schlecht gelüfteten Amtszimmers, müde, ungewaschen und verschwitzt. Der Untersuchungsbeamte bemühte sich verdrossen, telefonisch eine Schreibkraft aufzutreiben. Nach mehreren Versuchen flog endlich die Tür auf, und eine junge Blondine im rosa Sommerkleidchen mit tiefem Ausschnitt, der ihre frische, sonnengebräunte Haut umriß, stürzte herein.

»Sei mir nicht böse, Genosse«, rief sie fröhlich gleich von der Tür, »mir war so schrecklich heiß, ich mußte einfach einen Sprung ins Schwimmbad machen. Josef ist in die Stadt gefahren und hat mich mitgenommen.«

»Hättest rechtzeitig hier sein sollen«, knurrte der Ermittler, wobei er sie zugleich genüßlich betrachtete. »Hast du wenigstens etwas zum Trinken mitgebracht?«

»Klar!« Aus einer weißen Tasche holte sie einige Flaschen mit himbeerroter Limonade hervor und verstaute sie im Waschbecken. Der Mann ließ einen kalten Wasserstrahl darüber laufen.

»Also ärgere dich nicht mehr«, zwitscherte das Mädchen und machte ein Schmollmündchen, »die Hitze läßt sich wirklich nicht aushalten. Dafür haben wir aber jetzt für den ganzen Tag einen prima Schluck.«

Ich saß auf einem mit Blech beschlagenen schmalen Sitz

in der Ecke und war durstig. Die beiden blickten über mich hinweg. Als ob sie in dem Raum allein wären mit einem Tisch, zwei Stühlen, einer Schreibmaschine und einem Untersuchungshäftling. Ich fuhr mit verschwitzter Hand über meine feuchte Stirn. Der Mann leerte mit einem Zug eine ganze Flasche der himbeerroten Limonade. Das Mädchen setzte sich inzwischen an den Tisch mit der Schreibmaschine, angelte aus einem Schubfach ein Fläschchen hervor und bestrich Nacken und Achseln mit Kölnisch Wasser. Dann begann das Verhör erneut.

An einem anderen Tag, noch ziemlich am Anfang, wurde ich einem stattlichen Mann »in den besten Jahren« vorgeführt. Er hatte ein einfältiges Gesicht und unter der Nase ein flottes Bärtchen.

»Also das sind Sie!« begrüßte er mich und betrachtete mich neugierig, nicht gerade mit Sympathie. »Habe Sie mir anders vorgestellt. Na, das nur nebenbei. Und jetzt zur Sache: Warum leugnen Sie alles? Wir wollen Ihnen doch helfen, haben Sie das noch nicht kapiert? Sie sind doch eine intelligente Frau, oder? Wir zeigen Ihnen hier den richtigen Weg, weil wir glauben, daß Sie nicht zu den schlimmsten zählen, bloß sozusagen abgerutscht sind. Aber Sie müssen uns helfen, anders ist das nicht zu machen, das ist vielleicht klar. Also kriegen wir heute endlich Ihr Geständnis?«

»Was soll ich denn gestehen?« fragte ich, und zum ersten Mal mußte ich beim Verhör beinahe lachen. Der Kerl mit dem flotten Bärtchen, der wohlmeinenden Stimme und der biederen Gestikulation war richtig komisch.

»Was Sie gestehen sollen?« wiederholte er. »Ja, du meine Güte, doch Ihre Verbrechen. Hochverrat und Spionage für den Klassenfeind, Kontakte im Westen, Umtriebe in Jugoslawien, das alles. Packen Sie ordentlich aus, ich protokolliere, Sie unterschreiben, und wir schicken Sie nach Hause. Klar?«

»Warum sagen Sie mir so etwas? Das ist doch purer Unsinn!«

»Wie Sie meinen.« Er lief rot an, und das flotte Bärtchen sträubte sich gekränkt. »Die Folgen müssen Sie sich allerdings selbst zuschreiben.«

Der Mann kehrte mir den Rücken, langte nach dem Telefon, wählte eine Nummer und sagte in den Hörer: »Hallo, ist dort der Klub? Der Klub, jawohl. – Hör mal, Alois, bist du es? Gut«, und er dämpfte ein wenig die Stimme, aber nur so, damit ich ihn in meiner Ecke noch verstehen konnte. »Ich habe gestern bei euch meinen Revolver vergessen. Bitte schick ihn mir. Wohin? Wieso wohin? Hierher natürlich, aber bald, ich werde ihn wahrscheinlich brauchen.«

Er wandte sich um, ich blickte ihm ins Gesicht und sagte leise: »Was soll das Theater? Schämen Sie sich nicht?«

»Augen verbinden«, schrie er. »Wache! Abführen! Unerhört eine solche Frechheit!«

In dem alten französischen Frauengefängnis La Petite Roquette, in dem ich bei Kriegsbeginn einsaß und das vor einigen Jahren niedergerissen wurde, konnte man durch die Zellenfenster nicht auf die Straße sehen. Auch beim täglichen Rundgang auf dem Hof waren die Insassinnen von hohen Mauern eingeschlossen. Zu den Verhören wurden sie in einer Art »grüner Minna« in den Justizpalast befördert. Die Minizellen in dem Fahrzeug waren mit je drei oder vier Lüftungsschlitzen versehen. Durch die konnte, wer ein Auge zukniff, auf die Straße blicken. Im September 1939 saßen dort Menschen auf den Terrassen der Cafés, fuhren junge Mütter ihre kleinen Kinder spazieren, boten Verkäufer Obst und die köstlichen französischen Käse an. Das Kriegsgeschehen befand sich erst im Anfangsstadium, und Paris war die Hauptstadt eines wohl bedrängten, aber noch freien Frankreichs. Im Durchblick aus dem Polizeiauto die Märchenstadt an der Seine. Ich freute mich jedesmal, wenn ich in dem Rumpelkasten verstaut wurde. Die Fahrten waren nicht nur eine willkommene Unterbrechung der eintönigen Einzelhaft, sie beruhigten mich sogar stets: Die Welt war noch nicht ganz aus den Fugen geraten.

Eines Tages – der wie vielte es war, konnte ich nicht mehr erraten – stieß der mich verhörende Beamte, den ich mit Herr Referent ansprechen mußte, das Fenster auf. Ich hob gierig den Kopf, konnte aber nur eine gelbe, in der Mittagsglut erhitzte Mauer sehen. Enttäuscht wandte ich mich weg. Und da erblickte ich doch noch etwas. Im Fenster spiegelte sich ein Stückchen Straße. Das grüne Blattwerk eines Kastanienbaumes, Lichttupfen, die wie aus der Sonne gepustete Seifenblasen zwischen den Ästen tanzten. Ein Männerkopf. Eine Schulter in heller Bluse. Das war alles.

Ich verkrampfte die Hände, bis es in den Fingern knackte, vernahm nicht, was in dem Zimmer gesprochen wurde. In diesem Augenblick gab es nur das, was ich sah, was ich sehen konnte. Einen Zipfel fremden Glücks.

Warum überkam mich dabei solche Trauer? War denn schon alles zu Ende? Befand ich mich etwa bereits am anderen Ufer des Lebens? Die gelbe Mauer gegenüber, das war doch nur ein gewöhnliches Haus. In dem Kastanienbaum auf seinem Hof zankten sich wahrscheinlich abends die Spatzen. Die Menschen, die dort drüben wohnten, jeden Morgen zur Arbeit gingen und danach vielleicht ins Kino oder zu einem Stelldichein, die sich wegen Kleinigkeiten quälten, weil sie für sie wichtig waren – ahnten diese Menschen überhaupt, daß ich, und nicht nur ich, ganz in ihrer Nähe gewaltsam aus dem Alltag weggerissen und an den Rand des Lebens gestellt war?

»Wir repräsentieren hier für Sie die Partei«, plusterte sich der goldgegürtete Referent, der Gutsbesitzer aus dem chinesischen Märchen, vor mir auf, und sein Nacken lief dabei geradezu lila an.

Die Partei? Welche Partei? Doch nicht die, der ich seit meinen Sturm-und-Drang-Jahren angehörte und die allen Unterdrückten ein volles Recht auf das Leben versprach. Als Ermittler eines gewalttätigen Polizeiapparates? Als Verkünder sinnloser Anschuldigungen und lebensgefährlicher Lügen? Wer gab ihm ein solches Recht? Was war hier noch zu verstehen?

Der Mann pflanzte sich dicht vor mir auf, atmete mir heftig ins Gesicht. Ich saß in der Ecke auf dem schmalen Metallsitz und konnte nicht einmal den Kopf wegwenden.

»Wir sind ein riesiger Apparat«, dröhnte er, »gegen uns können Sie nichts ausrichten. Sie sind auch ganz allein. Niemand steht Ihnen bei. Begreifen Sie das doch endlich!«

Im Zimmer war es schwül. Plötzlich rannte der Mensch zu dem Fenster und schlug es zu. Die Sonnenseifenblasen zerstoben, mir wurde übel.

Vielleicht war ich wirklich noch nie so allein, ohne jede Rechtshilfe oder gar einen Kontakt mit meinen Nächsten. Ohne einen Rat, ohne ein einziges freundliches Wort. Die schwierigen Jahre meines allmählich heranreifenden Jungseins hatte ich umgeben von gleichgesinnten Jungen und Mädchen verbracht. Kaum zwanzig Jahre alt, stürzten wir uns kopfüber in die dramatische, für uns faszinierende, von Farben, Tönen, Licht und Schatten, Musik und Lärm erfüllte, von drohendem Verderben, aber auch dem Traum einer besseren Zukunft durchwirkte Zeit. Wir fühlten uns vom Versuch einer sozialistischen Ordnung angezogen, die die Ideen von Freiheit, Gleichheit und Brüderlichkeit in Taten umsetzen sollte. Beiseite stehen kam für uns in jenen erregten und erregenden Jahren überhaupt nicht in Frage. Das war die einzige Gefahr, die uns nicht drohte. Auf alle anderen husteten wir, wollten auf dieser unverläßlichen Welt alles verändern, zum Besseren, zum Guten für alle. Da verstand es sich von selbst, aufziehende Bedrohung gelassen hinzunehmen.

Der Mann mit dem goldenen Gürtel und sein Kollege mit dem flotten Bärtchen und dem aus dem Klub angeforderten Revolver gehörten in eine ganz andere Welt, hatten mit der, die uns geformt hatte, überhaupt nichts gemein.

Als in Deutschland die Nationalsozialisten am Anfang der dreißiger Jahre die Macht übernahmen, durchtränkt von der Irrlehre eines Über- und Untermenschentums und kriegerischen Eroberungsgelüsten, gab es in der Tschechoslowakei nur wenige Menschen, denen nicht bewußt war, was das für unsere kleine Republik bedeutete. Der Rundfunk übertrug aus dem Nachbarland bis dahin unvorstellbare Hetzreden. Im Grenzgebiet, aber auch in Prag, Brünn und anderen Städten verhießen Turnerverbände und Ordnertruppen: »Es kommt der Tag!« Noch ehe es soweit war, wurden unsere jungen Jahre vom Gespenst des um sich greifenden Faschismus begleitet. Es ging um in Europa und schlich sich als Alptraum in unsere Nächte ein. Nicht in die Zukunftsträume, die blieben vorerst unberührt.

Natürlich fürchteten wir die brutalen Schreihälse in braunen, schwarzen oder den einheimischen grauen Hemden. Aber man kannte sie, raufte mit ihnen. Auf der Straße, bei Versammlungen. Man wußte, daß sie widerwärtig waren und aller Missetaten fähig. Gerade deshalb war man nicht bereit, sie zu ertragen.

Gegen die Krakeeler und Schläger standen keine »Helden«, Widerstand leisteten ganz normale Menschen. Da gab es z. B. Fráňa Stricker, ein schmalbrüstiges, dünnes Jünglein mit einem kleinen Gesicht, aus dem über eine Drahtbrille gescheite Augen kurzsichtig in die Welt blickten. Er war sechzehn Jahre alt, als Hitler in Deutschland ans Ruder kam, zweiundzwanzig, als die Nazis die Tschechoslowakei überfielen. Als sie besiegt wurden, lebte er nicht mehr.

Fráňa wuchs mutterlos, nur in der Obhut seines nicht viel älteren Bruders Jirka auf. Der war von Beruf Typograph, aus Überzeugung aktiver Widerstandskämpfer gegen die deutsche Besetzung seiner Heimat, wurde gefaßt und von den Okkupanten hingerichtet. Fráňa studierte Philosophie, seine große Liebe waren, neben einem stillen rotblonden Mädchen, vor allem Bücher. Weil die beiden Brüder sehr wenig Geld hatten, konnte er nur selten ein Buch kaufen. Aber er verstand es, dennoch an sie heranzukommen. Auf dem Prager Graben gab es damals eine Buchhandlung, die einer freundlichen klugen Frau gehörte, welche von ihren zahlreichen Stammkunden liebevoll »kachnička«, Entchen, genannt wurde. Dort pflegte Fráňa seine erste Station zu machen. Nach einem ausgiebigen Gespräch mit dem gescheiten Entchen über Gott und die Welt (die vor allem) wanderte er jedesmal buchbeladen weiter. Ein Kunde ohne Geld war in diesem Laden nichts Außergewöhnliches. Wenn er nichts kaufen konnte, durfte er wenigstens etwas ausleihen.

Im Palais Hybernia, gegenüber dem Masaryk-Bahnhof und um die Ecke vom Literatencafé Arco, befand sich die Buchhandlung, in der Pavel Rozner wirkte, ein stiller Mann, bewanderter Kenner von Gesellschaftswissenschaften und ein noch besserer Violinist. Auch von ihm durfte der lesehungrige Fráňa nach einer angeregten Diskussion meistens etwas mitnehmen. In beiden Läden konnte man tschechische und deutsche Bücher erstehen.

Auf diese Weise versorgt, landete der Philosophiestudent, falls er nicht »dringend« an einer Debatte in der Fakultät teilnehmen mußte, im Café Boulevard auf dem Wenzelsplatz, bestellte einen »kleinen Schwarzen«, holte aus seiner Aktenmappe eine Semmel hervor – von gestern oder gar schon vorgestern? Ein bißchen hart war sie bereits – und begann zu lesen. Eine Stunde, zwei Stunden. Falls ihn niemand störte, auch drei.

Der Oberkellner störte ihn nicht. Im Gegenteil, er hegte Sympathien für diesen jungen Gast. Der war still, füllte die Aschenbecher nicht mit Zigarettenstummeln und Minifeuerwerken aus kunstvoll aufgeschichteten Streichhölzchen – damit exzellierte zum Entsetzen aller Oberkellner der Schriftsteller Egon Erwin Kisch –, saß ruhig auf seinem Platz und las. Offenbar studierte er. Aber auch dagegen hatte der Herr Ober in diesem Fall nichts. Mit Philosophen gab es aus der Kaffeehausperspektive keine Schwierigkeiten, im Unterschied zu den Medizinern, die imstande waren, auf den Tischchen Atlasse der Pathologie, Lehrbücher der Geburtshilfe und Chirurgie auszubreiten. Nichts als farbige Mißgeburten und Scheußlichkeiten. Kein Wunder, daß dies »normale« Gäste befremdete. Aber Herr Fráňa?

Gewiß, sein Konsum war kaum der Rede wert, wenn jedoch im Laufe des Vor- oder Nachmittags an seinem Tisch weitere fünf oder sechs ähnliche Leutchen Platz nahmen, dann war er schon ein bißchen bemerkenswerter.

In der Zeit, in der all dies vor sich ging, wurde ein gemeinsamer Freund von uns, der junge Regisseur Hans Burger, zur Inszenierung einer Kindervorstellung an ein Theater in Wien engagiert. Fráňa, dessen Vorliebe auch dem Theater galt, und ich beschlossen, uns diese Aufführung unseres Freundes Hans anzusehen. Wir unternahmen einen Ausflug nach Wien. Das war Fráňas erste und leider auch einzige Reise ins Ausland.

Auf dem Prager Bahnsteig konnte ich ihn kaum erkennen.

»Du staunst, was?« bemerkte er stolz, als ich ihn verblüfft betrachtete. »Hoch elegant, ein perfekter Lord Beefsteak!«

Von Lord war keine Rede, aber sein Hemdkragen war tadellos sauber, ebenso der Hals und auch die Hände. Fráňas beredte, feine Hände waren gleichfalls absolut in Ordnung, der Scheitel in den noch feuchten Haaren schnurgerade. Seine allgemein bekannte Schwäche war nämlich, daß er mitunter seine Morgentoilette vernachlässigte. Meine Mama, die das mutterlose Bruderpaar oft zu einem Sonntagsessen einlud, deutete Fráňa in einem solchen Fall nur mit einem Augenaufschlag ihre Mißbilligung an. Daraufhin erschien er das nächste Mal frisch gewaschen, tadellos gekämmt und sogar mit geputzten Schuhen. »Beinah ein Gentleman«, definierte er sich an solchen Tagen zufrieden. Ein richtiger Gentleman mit all den guten Eigenschaften, die dieser Begriff umfaßt, hätte vielleicht aus ihm werden können.

Im Zug nach Wien eröffnete er mir, er wolle dort im Kunsthistorischen Museum die Werke Arcimboldos, Brueghels und Velázquez' sehen, im Proletarierviertel den legendären Karl-Marx-Hof besichtigen und auch eine Kleinkunstbühne am Naschmarkt besuchen.

»In anderthalb Tagen, Fráňa?«

»Ich habe mich gründlich vorbereitet, weiß auch, welche Straßenbahnen ich nehmen muß. Es wird schon klappen. – Sind wir nicht bald an der Grenze?« erkundigte er sich besorgt. Als wir dann dort ankamen, machte er Vorbereitungen zum Aussteigen.

»Was soll das heißen? Du willst nicht weiterfahren?«

»Unsinn. Aber wir müssen doch zur Zollkontrolle.«

Ich hatte Mühe, ihn im Zug festzuhalten. Als bald darauf der in unserem Wagen kontrollierende Zollbeamte weder für mein Köfferchen noch für seine Tasche das geringste Interesse zeigte, war Fráňa sichtlich enttäuscht.

»Und wenn ich eine Bombe oder einen Haufen Juwelen bei mir hätte?« brummte er. »Da wirft man sich in volle Gala, und sie übersehen einen, als ob man Luft wäre.«

Bald nach dem Einmarsch der Wehrmacht in die Tschechoslowakei wurden die tschechischen Universitäten geschlossen, durfte Fráňa keinen Buchladen mehr betreten, kein Kaffeehaus besuchen, sein Leben hing an einem Faden. Der riß endgültig zwischen dem 28. Februar und 3. März 1942 im Steinbruch des Konzentrationslagers Mauthausen. Übrig blieb das Manuskript eines Märchenbuches, in dem sich der Satz wiederholt: »Lachen kann nur einschlafen, aber es erwacht immer wieder.« Und an anderer Stelle: »Noch schöner als Wahrheit am Pranger ist furchtlose Wahrheit, die imstande ist, in die Augen zu schauen.«

Was hätte dieser begabte Mensch wohl noch schreiben oder sonst Vernünftiges zustande bringen können, wenn man ihm nicht sein kaum entfaltetes Leben geraubt hätte. Der in den dreißiger Jahren auch über Prag hinaus gut bekannte Theatermann Emil František Burian, der Gründer der avantgardistischen Bühne D 34, plante mit ihm ein Theaterstück. Seine Professoren hielten Fráňa für einen besonders talentierten Studenten. Seine Freunde, unter ihnen Dichter, Journalisten und begeisterte Laienspieler, liebten diesen bescheidenen und anspruchslosen jungen Mann, der klug war und witzig, talentiert und ein bißchen kurios.

Diese Art Menschen gehörte zu meinem Kreis. An diesen Gedanken klammerte ich mich nun in meiner Not und versuchte, mich von den zeternden, vor mir aufgepflanzten Individuen wegzudenken, was freilich nur selten und mühsam gelang.

Sie versuchten mir hartnäckig einzureden, ich stände allein und von allen verlassen gegen einen gigantischen Apparat, der alles weiß und alles vermag. Der hat mich hierher gebracht und eingesperrt, der verbindet mir die Augen mit einem scheußlichen Fetzen, wenn man mich aus der Zelle holt, der droht mir, schreit mich an, darf alles …

Ich biß die Zähne zusammen und schwieg. Das war meine Waffe. Denn in mich gekehrt, war ich nicht allein, mein ganzes bisheriges Leben war mit mir, meine liebsten Mitmenschen, auch die toten unter ihnen. Die vielleicht am meisten.

Zu Hause, ganz in der Nähe und doch unermeßlich weit, lebten mein Mann und mein Kind. Nur selten gestattete ich mir, in Gedanken bei ihnen, mit ihnen zu sein. Das war so schmerzhaft und unausweichlich mit der Frage verbunden, wie lange die grausame Trennung noch dauern werde, daß ich es einfach nicht ertragen konnte. Mir schwindelte, meine Hände begannen zu zittern, ich mußte einen Schrei unterdrücken. Wenn ich mir das Zu-Bett-Gehen meines kleinen Mädchens vorstellte, wurde es mir schwarz vor den Augen. Wie konnte man mir, wie konnte man uns so etwas antun?

Die Farben der Nacht.

Dennoch. Stunde um Stunde, Tag für Tag und Nacht für Nacht durchrang ich mich zurück zur Gewißheit der Zugehörigkeit in der Gemeinschaft der Menschen. Diese zerbrechliche Sicherheit wurde von denen, in deren Hände ich geraten war, immer wieder boshaft zerschunden, Nacht für Nacht und Tag für Tag. Mit Lügen und Grobheiten, mit List und Gewalt und einem endlosen Schwall haßerfüllter Worte.

Eine Pein ließ sich jedoch nie unterdrücken, sie war allgegenwärtig, ich konnte sie einfach nicht von mir weisen.

Das war die Frage, wieso ein derartiges Vorgehen überhaupt möglich war und dazu noch unter Vortäuschung der Ideale, die zahllose Männer und Frauen auf der ganzen Welt, und so auch ich, mit der Möglichkeit eines menschenwürdigeren Daseins verknüpft hatten. Wo war der Fehler oder Irrtum? Was war da bloß geschehen?

Jahre sollten vergehen, und es fanden sich Menschen, die in jeder Tasche eine Antwort auf diese Frage bereit hatten, glatt und sauber gefaltet wie ein frisch gebügeltes Taschentuch. Es fanden sich andere, die eine jede derartige Frage scheinbar mühelos und mit selbstsicherer Überhebung von sich schoben. Aber wer von ihnen hätte standgehalten in den vom kalten Licht einer direkt in die Augen leuchtenden gelben Glühbirne durchtrennten Nächten? Wie töricht sind Mütter, die ihre Kinder mit Dunkelheit schrecken, mit diesem verwunschenen Garten, in dem Träume lebendig werden können.

Mir war jetzt keine einzige wirkliche Nacht vergönnt, keine Minute Dunkelheit, kein Augenblick eines Fürsichseins. Schob ich meine Hände unwillkürlich unter die dünne Decke, wurde sogleich an die Zellentür gepoltert: »Hände raus!« Wandte ich mich im Schlaf um, weckte mich das Kommando: »Gesicht zur Tür!« Die wurde mitunter auch aufgerissen, und dann hieß es: »Aufstehen, Augen verbinden. Los!«

Das alles ist verrückt und abnormal, überlegte ich in diesen Nächten. Auch daß hier Männer und Frauen in Zellen auf einem gemeinsamen Korridor untergebracht waren, widersprach den Gepflogenheiten in ähnlichen Einrichtungen. Verrückt, verrückt – war das am Ende die Lösung?

Meine Gedanken drehten sich im Kreis. Etwas knarrte. Ich hielt die Augen geschlossen. Die Zellentür flog geräuschvoll auf: »Na?«

Ich riß mich zusammen, öffnete die Augen. Neben meinem Strohsack stand ein unbekannter Mann in Uniform mit einer brennenden Zigarette in der Hand.

»Bleiben Sie bitte liegen«, sagte er mit eisiger Höflichkeit. In diesem Augenblick war ich ohnehin nicht imstande, mich auf die Beine zu stellen.

»Ich bedaure, Ihre Nachtruhe zu stören«, fuhr der Unbekannte fort, »hoffe jedoch, daß Sie endlich Vernunft angenommen haben und mir jetzt sagen werden, was wir von Ihnen hören wollen. Das würde uns viel Zeit ersparen, am meisten allerdings Ihnen.«

Neben meinem Kopf standen seine auf Hochglanz polierten Stiefel. Der süßliche Geruch der Schuhcreme hob mir den Magen. Die Asche seiner Zigarette fiel auf mich hinunter. Ich lag zu seinen Füßen und brachte kein Wort heraus.

Das versetzte ihn in Wut. Er begann zu schreien, die harten Stiefel trampelten gereizt. Plötzlich machte er kehrt und ging. Zurück blieb die Angst, er könnte wiederkommen.

Draußen war Frühling, hier war nichts. Mitunter dröhnte freilich Musik in die Stille der Strafanstalt. »... wir sind geboren, Taten zu vollbringen ...« Manchmal hörte man es am Tag, sogar auch in der Nacht. Wahrscheinlich gab es kein anderes Repertoire in der Wachstube. Ich kannte dieses Lied der sowjetischen Piloten. Hier klang die schrille Blechmusik wie böser Hohn in meinen Ohren. Taten zu vollbringen ...!

Im Korridor neben meiner Zellentür war ein Brett befestigt. Ich sah es nie, denn ich durfte die Schwelle nur mit verbundenen Augen überschreiten. Aber ich wußte, daß es da war, aus den Bewegungen der Aufseher. Dorthin langte der Arm im grünen Ärmel des Aufsehers und reichte mir einen Pappbecher und die Zahnbürste. Von dort holte er Seife und Kamm. Dort hing an einem Haken das dünne Handtuch und zweifellos auch ein Zettel, auf dem Meldungen vermerkt wurden. Etwa: Aus dem Kamm fehlen 4 Zähne. Oder: Nummer 2814 wurde am ... zur Dusche eskortiert. – Gewicht am 15. 5. 48 kg. – Am ... Nägelschneiden an Händen und Füßen.

Schritte im Gefängnis. Sie sind ganz anders als auf der Straße, im Wald oder auch nur im Wohnzimmer. Am Tag schritt ich quer durch die Zelle, von Ecke zu Ecke. Die erste Zeit auf Befehl: Gehen, gehen! Später freiwillig, aus dem Bedürfnis, mich zu bewegen, tätig zu sein. Sechs Schritte hin und sechs Schritte, kleine Schritte, her. Zu sehen gab es nichts, nur die vier kahlen Wände, an einer waren tagsüber der Strohsack, der Klappsitz und die winzige Tischplatte festgemacht. Gehen, gehen!

Ja was denn sonst?

Stand nachts noch der Mond über der Stadt? Schien am Tag die Sonne? In der Zelle im Kellergeschoß war es nie ganz hell. Flog ein Vogel an dem milchigen Lüftungsviereck unter der Zimmerdecke vorbei, glich er einem flatternden Schatten. Einmal blieb einer stehen, vielleicht eine Taube. Ich erschrak, als sich plötzlich sein dunkler Umriß ausbreitete. Wie ein Paar Todesflügel. Hier hatte man solche Einfälle.

Man versuchte, die Menschen mit Einsamkeit zu zermürben, gestattete ihnen nicht einmal einen Verteidiger. Sie sind noch nicht angeklagt, hieß es, zuerst müssen Sie gestehen.

Die Untersuchungshäftlinge durften niemanden sehen, nichts tun, auch nicht lesen. Die Kommandos – Niederlegen! Aufstehen! – kamen von draußen, vom Korridor. Der Eßnapf wurde von der Wache mit dem Fuß hereingeschoben, man mußte ihn, am Boden hockend, in Empfang nehmen. Die Stille ringsum war stickig wie ein mißratener Brei.

In solcher Stille waren Erinnerungen der einzige Ausweg, nahmen beinahe greifbare Gestalt an. Zwischen den eintönigen Schlägen einer Uhr auf irgendeinem Turm kehrte ich zurück in den Sturm und Drang meiner Werdejahre.

Ich habe doch schon vor dem grauenhaften Krieg gelebt, dann mittendrin und jetzt danach. Ist das, was hier vor sich geht, danach oder noch ein weiteres Kapitel des Kriegswahnsinns? Ich wollte doch stets mit der Zeit leben, überlegte ich in meiner Ausgestoßenheit. Als Mädchen brachte ich es manchmal fertig, vernünftig zu sein, als Frau war ich immer noch imstande, Verrücktes zu tun. Vielleicht weil mich das Bewußtsein von Gestern und die Erwartung von Morgen niemals verließen. Immer versuchte ich, »dabei zu sein«. Werde ich künftig auch noch »dabei« sein?

Es ist schon sonderbar, wenn man zu einer Generation gehört, die weder einen Anfang noch ein Ende zu haben scheint.

»Das ist das Los der unsrigen, und du gehörst zu ihr, ob du willst oder nicht. Ein bißchen jünger oder ein wenig älter zu sein spielt dabei keine Rolle.«

Wer hat mir das bloß gesagt? Es muß jemand aus meinem engen, aus dem engsten Umkreis gewesen sein. Jemand von den Menschen, unter die ich als sehr junges Mädchen geraten war, begierig, alles aufzunehmen, was meinen Tagen einen Sinn geben konnte.

In der Schule fand ich das nicht. Zu viele Professoren in dem Gymnasium wußten (und gestatteten zu wissen) nur das, was in den farblosen Lehrbüchern stand, über denen einem schon in den ersten Stunden am Morgen die Augen zufielen. Schlachten, Kriege, Feldherren und Machthaber. Hauptstädte, Staatsgrenzen, Gebirge, Flüsse, Transportwege. Säugetiere, Vögel, Reptilien. Gallia est omnis divisa ... Wo blieben die Menschen?

Manche der Herren Professoren pflegten sich mit Vorliebe zwischen uns Mädchen zu setzen. Andere behaupteten völlig zwecklos, weil es ihnen ohnehin niemand glaubte, daß sie für alles und insbesondere für uns Schüler Verständnis hätten. Das stimmte freilich nur ausnahmsweise, etwa für Professor Oscar Kosta (Kohn), der als Peter Pont Gedichte schrieb und nach dem Krieg ein ausgezeichneter Übersetzer tschechischer Prosa und Lyrik in die deutsche Sprache wurde. Auch er hat im Rahmen der politischen Säuberungen in den fünfziger Jahren seinen Teil abbekommen.

Rückblickend kann ich beinahe mit Staunen, bestimmt jedoch sehr gern, feststellen, daß es im Stephansgymnasium, von dem hier die Rede ist, in den bewegten dreißiger Jahren, in denen ich dort ein und aus ging, jedoch keine Reibungen, keine gehässigen Ausfälle aufgrund nationalistischer oder gar rassistischer Verblendung gab. In meiner Klasse sowie in allen anderen saßen Söhne und Töchter aus deutschnationalen und aus jüdischen Familien problemlos nebeneinander, waren befreundet, verbrachten gemeinsam Weihnachts- oder Osterferien im »Ski-Heim« in einer Dorfschule auf dem Keilberg im Riesengebirge. Vielleicht war allerhand weniger Friedliches bei manchen der Schüler zu Hause zu hören. In der Stephansgasse war davon nichts zu spüren, dort machten sich in jener sozialen Krisenzeit andere Leidenschaften bemerkbar.

Vom wahren Sinn des Lebens erfuhr ich also in der Schule nur wenig, obwohl ich damals meine ersten und letzten Gedichte schrieb und ausgerechnet im Gebäude des Gymnasiums zum ersten Mal mit revolutionären Flugblättern konfrontiert wurde.

Sie trugen den Titel »Schulkampf«, und Schüler der obersten Klassen warfen sie vom höchsten Stockwerk in den tiefen Treppenschacht. Langsam flatterten die losen Blätter hinunter, wie die Möwen, die unter den Prager Brückenbogen kreisten.

Als ich die Schule verlassen mußte, weil es in unserer Familie finanziell schlecht stand, war ich erst fünfzehn Jahre alt. Diese Änderung war für mich ein als ungerecht empfundener Schlag. Es half mir, daß ich gleichzeitig meine erste Liebe erlebte. Sie galt einem achtzehnjährigen Musikstudenten, den alle Mädchen anhimmelten. Seinetwegen besuchte ich Schülerkonzerte des Konservatoriums, und er versuchte, mir das Lesen von Partituren beizubringen. Dabei begriff ich immer besser die Schönheit und den Reichtum der Kompositionen von Bach, Beethoven, Mozart. Nachts schrieb ich dann Verse. Mein Vorbild war Rainer Maria Rilke.

In dem Jahr, da ich vom Gymnasium Abschied nehmen mußte, gab die Abiturientenklasse einen kleinen Gedichtband heraus. Er trug den Titel »worte der jugend«. Und da fiel mir eine große Ehre zu: Ich war das einzige Mädchen, das – obwohl vier Klassen jünger – von den Jungen zur Mitarbeit aufgefordert und in ihre Publikation aufgenommen wurde. Meine erste Dichtung war titellos:

nur eine gasse ist es
  die ich liebe
nur eine gasse
  und nicht mehr –
und nur ein baum dort
  ist es – der mich freut
ein einzig laubbaum
  grün und schwer –
dort könnte ich ein ganzes leben träumen
dort bliebe ich am liebsten tag und nacht
und würd die pflicht des lebens dort versäumen –
wenn nicht der baum wär –
der darüber wacht

Das waren aufregende Tage. Wo ich ging und stand, rezitierte ich im Geist meine ersten publizierten Verse. Aber es kam noch beunruhigender. In demselben Bändchen erschienen zwei Gedichte, die der musikalische Jüngling unter der Überschrift »an meine freundin« veröffentlichte, was mich ein wenig erschreckte, denn er hatte sie mir gewidmet und im Original auch gebracht. Ich glaubte jedoch, in ihrer Benennung eine gewagte Vorstellung zu entdecken. Eine dieser Dichtungen lautete:

Und als ich dich zwei tage lang nicht sah,
und kein wort mit dir wechseln konnte,
erkannte ich die klare sehnsucht
der freundschaft
    – wenn deine seele
    dies begreift,
    so bin ich
    der glücklichste mensch.

denn –
dann weißt du
von der hellen liebe
in der freundschaft,
dann werden wir das einzig wahre
eins,
dann –
sind wir an der grenze angelangt,
wo alle worte sterben könnten – – –

Wo alle Worte sterben könnten ... Gewiß, aber so vieles war offen, ungesagt. In jener Zeit überfiel mich große Unruhe. Fragen, Rätsel, überall Unbekanntes. Für das Suchen einer Antwort waren die Nächte zu kurz, und am Tag hatte ich meine erste Anstellung.

Der Weg durch den unausgeschlafenen Morgen war lang. Vier Stunden in einem Büro. Schreiben Sie, Fräulein ... Wohin schauen Sie? ... Schon wieder haben Sie die Evidenznummer verwechselt ...

Mittags ein langer Heimweg, ein hastiges Mittagessen, der Marsch zurück. Vier weitere Stunden im Büro. Manchmal auch noch eine Überstunde. Dann endlich der Abend. Und abermals der lange Weg nach Hause. Da konnte man wirklich nur revolutionär werden.

Einmal erkrankte die Telefonistin der Firma. Als jüngste Angestellte mußte ich für sie einspringen. Bücherwurm Fráňa versorgte mich mit Lektüre. Ich schaltete in der Zentrale die meisten Telefonleitungen aus, ließ nur eine intakt, so war der Betrieb mäßiger, und ich konnte stundenlang lesen. »Meister Breugnon« von Romain Rolland, den »Zweiten Tag« von Ilja Ehrenburg. Dann kehrte die Telefonistin zurück.

Damals begann ich etwas mehr von der Welt zu ahnen, aber die eiligen Wege ins Büro und die eintönigen Tage dort, von denen jeder zu lang war, erschöpften mich. Angst befiel mich, ich könnte für immer zu solch einem miserablen Dasein verdammt sein.

Die Generation, zu der ich gehöre. Solcherart waren ihre Anfänge. Wie alle Generationen hatte auch die meine das Verlangen, daß es in der bisherigen Weise nicht für immer weitergehen sollte. Deshalb verließen wir den Pfad, den vor uns andere ausgetreten hatten, auf dem sie weitertrippelten, und verabscheuten alles, was man uns als selbstverständlich und notwendig aufzwingen wollte. Vorherrschend war unser Bedürfnis zu handeln. Manchmal bloß zu schreien, manchmal zu raufen, sich nur nie mit passivem Hinnehmen zufriedenzugeben.

Vielleicht waren es gerade diese Anfänge, die mich in die Generation eingereiht haben, die kein Ende zu haben schien.

Was über mich nun, in den fünfziger Jahren, jäh und schonungslos hereinbrach, ließ sich nirgends einreihen und durch nichts erklären, brachte mich völlig aus der Fassung. Alles, was bislang allein richtig war, wurde auf einmal als bösartig und feindselig erklärt. Man zwang mir Fragen auf, die ich überhaupt nicht verstand. Meine unsicheren Antworten wurden zynisch auf den Kopf gestellt. Warum? Was, zum Teufel, wollte man von mir?

Einmal – ich konnte die Tage nicht mehr nachzählen – gebärdete sich der chinesische Gutsbesitzer selbstherrlich wie ein Pfau, den nichts aus seiner Ruhe bringen kann, und redete ganz jovial auf mich ein:

»Hören Sie, mir scheint, Sie wollen hier vermodern, was? Offenbar haben Sie beschlossen, jeden Gauner, der Ihnen in den Weg gekommen ist, zu decken, haben einfach Charakter, was? Zum Glück sind wir jedoch gut informiert. Halten Sie ruhig den Mund, wir wissen ohnehin alles. Setzen Sie nur hübsch unsere Geduld aufs Spiel. Aber dann dürfen Sie sich nicht wundern, wenn … Na ja. Und jetzt erklären Sie mir gefälligst, wieso Sie so viele Menschen kennen und wie alles wirklich war. Und lassen Sie ja nichts aus, sonst helfen wir Ihnen, daß Sie es bis zum längsten Tod nicht vergessen werden.«

Vergessen ist unberechenbar. Man vergißt, wohin man nach der Rückkehr in die Wohnung die Schlüssel gelegt hat, man vergißt beim Einholen, daß man vor allem Brot kaufen wollte. Man vergißt den so dringend benötigten Pullover in der Reinigungsanstalt. Auch wesentlichere Dinge und Geschehnisse entschwinden wie von selbst ins Vergessen, verwehren erneute Konfrontation. Andere dagegen sind für immer lebendig, tief eingeritzt in Kopf und Herz.

Da war vor vielen Jahren ein Tag im Januar, an dem auf dem Prager Wenzelsplatz in großen Flocken nasser Schnee fiel. Vor dem Schuhpalast Baťa leuchtete eine Straßenlampe, obwohl es noch nicht dunkel war. Unter ihr stand ich und wartete auf Freunde, die sich verspätet hatten. Ich wußte nicht, warum, auch nicht, weshalb über meinem Kopf das Licht brannte. Beides beunruhigte mich nicht weiter. Aber wo blieben nur alle? Allmählich wurden meine Füße in den durchnäßten Schuhen unangenehm kalt.

»Wartest du hier auf jemanden?« Ich wandte mich um. Hinter mir stand der Architekt Guido, ein Schwager meines einstigen Mittelschulprofessors Kosta, durch dessen Vermittlung er gern Kontakt mit jungen Menschen anknüpfte. Er nahm meine kalte Hand in die seine.

»Komm, steh hier nicht herum. Weißt du noch nicht, was passiert ist? Die Nazis haben heute in Deutschland die Macht übernommen. Jetzt kommt auf uns Schlimmes zu, Mädchen. Menschen versuchen angeblich schon, über die Grenze herüber zu fliehen. Ich rechne damit, daß in den nächsten Tagen verschiedene Freunde von mir hier eintreffen werden.«

Immer noch fiel der nasse Schnee, und die Kälte biß in die Knochen. Ich erschrak. Der befürchtete und wilde Faschismus war nun gleich nebenan am Ruder? Was wird jetzt geschehen? Zugleich bemächtigte sich meiner eine Ruhelosigkeit, die nur annähernd etwas mit Angst gemein hatte.

»Das ist schrecklich. Was werden wir tun?«

»Was wir tun werden?« ließ sich in diesem Augenblick Fráňas atemlos herbeistürzender Bruder, der Typograph Jirka, vernehmen. »Kaputtmachen müssen wir sie, das ist doch klar. Ehe sie uns kaputtmachen. Setzt euch in Bewegung, wir müssen vor allem eine Zeitung auftreiben, um mehr zu erfahren.«

Schon am nächsten Tag trafen in Prag die ersten deutschen Emigranten ein.

Zögernd und ein bißchen wirr, versuchte ich dem Herrn Referenten die mit Spannung geladene Prager Atmosphäre nach der Machtergreifung Hitlers in Deutschland zu schildern. Die neue Erfahrung mit dem Schicksal um ihr Leben fliehender Menschen, das spontane Bedürfnis, ihnen zu helfen.

»Phantasieren Sie mir hier nicht von Ihrer selbstlosen Solidarität mit deutschen Flüchtlingen«, unterbrach mich der Mann ungeduldig. »Wer waren sie? Wen haben Sie gekannt?«

»Nach Prag kamen viele Emigranten …«

»Gewiß, gewiß, lauter makellose Flüchtlinge. Und daß uns unter ihnen auch Konfidenten der Gestapo beehrten, das ist Ihnen natürlich überhaupt nicht eingefallen!«

Nein, das ist mir am Anfang dieses katastrophalen Geschehens wirklich nicht eingefallen. Und es war für mich in jenen ersten düsteren Tagen nicht einmal das Wichtigste. Erschreckende Nachrichten über unglaublichen Terror sickerten durch. Da war das Wichtigste, den von Lebensgefahr bedrohten Menschen zu helfen, schnell etwas zu unternehmen, vielleicht sogar auch etwas zu riskieren. Nicht ohne Angst, aber dennoch.

»Erzählen Sie mir keine Märchen. Plötzlich war jeder ein Held, von früh bis abends nichts als große Taten.«

Mitte der dreißiger Jahre verlor ich meine Anstellung in der Papiergroßhandlung, war arbeitslos und verschwieg es zu

Hause. An jedem Morgen ging ich wie immer weg und verbrachte meistens den ganzen Tag in einem Kaffeehaus. Am Vormittag bestellte ich dort »einen kleinen Schwarzen«, mittags aß ich etwas im nächsten Automatenbuffet. Nachmittags gönnte ich mir einen weiteren Schwarzen. Das ging so eine Zeitlang.

»Du mußt auf deine Lunge aufpassen«, mahnte mich einer meiner Bekannten, ein junger Arzt, und ließ mich mit Höhensonne bestrahlen.

Auf einmal hatte ich viel Zeit, aber es war nicht das Richtige. Ich war ungeduldig, konnte mich mit diesem Zustand nicht abfinden. Dann endlich – so lange, wie ich es empfand, war die unfreiwillige Pause gar nicht – trat eine überraschende Wendung ein. Man bot mir Arbeit bei einer Emigrantenzeitschrift an. Das war etwas! Ich war so aufgeregt, daß ich kaum ja sagen konnte. Der Anfang von etwas ganz Neuem. Nie wieder: »Sehr geehrte Herren, auf Ihre werte Anfrage zurückkommend ...« Zwanzigmal, fünfundzwanzigmal am Tag. Jetzt wird alles anders sein.

Ich verließ die elterliche Wohnung und machte mich selbständig. Oder genauer gesagt: Ich übte selbständiges Leben.

Manchmal werden die dreißiger Jahre beinahe als Epoche einer mutigen Generation bezeichnet. Was die jungen Leute von damals zu tapferen Entschlüssen motivierte, war jedoch kein Heldenmut, vielmehr die Erkenntnis einer Notwendigkeit. In Spanien tobte ein Bürgerkrieg. Dort verteidigte sich eine junge Republik gegen den Putsch einiger von Hitlers Deutschland und Mussolinis Italien unterstützter Generäle. Als ich in der Redaktion – es war die nach Prag geflüchtete AIZ (Arbeiter-Illustrierte-Zeitung) – zum ersten Mal das Foto eines kleines Mädchens in der Hand hielt, das bei einem Luftangriff auf Madrid umgekommen war, und auf einer anderen Aufnahme eine lange Reihe von Kindern sah, die vor irgendeinem Gebäude auf ein bißchen Essen warteten, weil in ihrem Dorf von den Soldaten General Francos alle Häuschen zerschossen worden waren, wanderte ich am Abend von Café zu Café mit einer Sammelliste »Für eine Krone einen Teller Grießbrei für ein spanisches Kind« und freute mich, daß so viele Menschen bereitwillig ein bißchen Geld spendeten.

In der verrauchten Unionka waren die meisten Besucher Schriftsteller und ihre Freunde. Ein Haus weiter, im längst nicht mehr bestehenden Café Metro, waren die Gäste durchwegs links orientiert, aber verschiedener politischer Schattierungen. Dort verkehrten die Freundin Franz Kafkas, Milena Jesenská, und der kommunistische Journalist Julius Fučík, der später im Nazigefängnis vor seiner Hinrichtung die weltweit berühmte »Reportage unter dem Strang geschrieben« hat, der Dichter Vítězslav Nezval und sein junger Kollege Jiří Orten, der im besetzten Prag unter den Rädern einer deutschen Ambulanz den Tod fand. Er gehörte zum Stammtisch der »Jugend« in der linken Ecke unter dem Fenster, wo auch ich viele Abendstunden verbrachte. In dem nicht überaus großen Raum herrschte ein ständiges Hin und Her zwischen dem »erwachsenen« und dem »jungen« Tisch, auch zwischen Menschen oft entgegengesetzter politischer Einstellungen. Noch war eine solche Differenziertheit nicht tödlich.

Das National-Café (Národní kavárna) etliche Häuser weiter frequentierten Universitätsprofessoren und Intellektuelle eher konservativer Ausrichtung, aber auch hier zeigte man Verständnis für die schwergeprüfte und kämpfende spanische Republik, verband ihren Widerstand mit den bedrohlichen Aussichten des eigenen Landes. Gegenüber dem Nationaltheater am Ende der Straße, im Café Slavia, konnte man etliche Teller Grießbrei bezahlt bekommen. Schriftsteller, Schauspieler und Maler, aber auch andere Gäste, Besucher des Nationaltheaters, Studenten – in diesem Lokal langte einfach jeder in die Tasche.

So war die Atmosphäre in der kleinen, dem großen Nazideutschland benachbarten Tschechoslowakei in der zweiten Hälfte der dreißiger Jahre. Heldentum? Heroische Generation? Ach Unsinn! Auch die jungen Männer, die auf komplizierten Umwegen zu den Internationalen Brigaden nach Spanien eilten, unternahmen diesen waghalsigen Schritt aus tiefster antifaschistischer Überzeugung. Nicht wenige unter ihnen kostete er das Leben.

Der Dicke, der mich verhörte, mußte in jener Zeit gleichfalls jung gewesen sein. Hat er vergessen, wie es damals war, oder ging das ganze Geschehen spurlos an ihm vorbei? Wieso plapperte er unaufhörlich die lächerlichen, aber lebensgefährlichen Phrasen von Verrat und Konspiration nach? Noch hatte niemand einen konkreten Verdacht gegen mich ausgesprochen, es schien mir, daß man erst dabei war, die Beschuldigung zu konstruieren. Warum hielt man mich »auf jeden Fall« fest? Warum alle anderen, die in den Zellen ringsum husteten, weinten, irre lachten, schrien oder sich sogar ans Leben griffen? All dies im Rahmen und aufgrund der Willkür eines demütigenden Regimes und noch dazu angeblich im Namen des Sozialismus, an dessen humane Ideale ich so hoffnungsvoll geglaubt habe.

Mein Referent in nagelneuer Uniform schien von solchen Sorgen ganz unberührt zu sein. Verstohlen, wie er glaubte, betrachtete er immer wieder sein Spiegelbild in der Fensterscheibe. Eine neue Uniform und mit einem weiteren Rangabzeichen auf der Schulter! So ein Tag hat etwas an sich. Das Geschwätz der Nr. 2814 dort in der Ecke ließ ihn kalt. Es paßte überhaupt nicht in das Konzept, mit dem er beauftragt war.

Ungeduldig trommelte er mit seinen kurzen Fingern auf der Tischplatte, blätterte in irgendwelchen Papieren, schaute auf die Uhr und zog überrascht die Augenbrauen hoch. Beinahe hätte er die Frühstückspause versäumt. Er ging in die Ecke, befahl mir, die Augen zu verbinden, erwischte mich am Ärmel meines dünnen Zuchthauskittels und zerrte mich zurück in die Zelle.

Lag ich nachts auf dem unregelmäßig und liederlich gestopften Strohsack, floß über die Wand das gelbe Licht der trüben Glühbirne auf mich herab. Ich versuchte einzuschlafen, aber jedes Geräusch erregte mich. Die schweren Schritte der bewaffneten Wachen, das Zukrachen einer Tür. Gegenüber, nebenan, ein bißchen weiter und dann wieder ganz nahe. Jeden Augenblick konnte man mich zum Verhör rufen. Ich zwang mich, die Augen zu schließen. Aber da tauchten gleich Gesichter auf. Gespenstisch lauernd, von Wut entstellt, verächtlich.

Was war da bloß im Gange? Woher konnte ein so unglaublicher, bislang nur drohend angedeuteter Verdacht aufkommen? Unkonkret und somit unwiderlegbar. Was war der Nährboden für das absurde Mißtrauen gegen bisherige Mitstreiter und Weggenossen, das sich seit Wochen wie ein bösartiges Geschwür verbreitete? Kalter Krieg zwischen den USA und der Sowjetunion? Heißer Krieg in Korea? Die neuartige Feindschaft zwischen Stalin und Tito? Die waren doch noch vor kurzem Bruderländer. Wieso?

Aber ich war weder ein Feldherr noch ein Staatsmann. Ich war nur eine Frau mit jüngst überstandener schwerer Operation und einer kleinen Anna zu Hause. Was nun geschah, was man von mir wollte, konnte ich mir nicht erklären. Grübelte nur verzweifelt: Wer wird imstande sein, diesem Wahnsinn Einhalt zu gebieten, wer wird dagegen angehen?

Dagegen angehen. Das pflegte unsere natürliche Reaktion gegen Ungerechtigkeit zu sein. Nicht hinnehmen, angehen. Und jetzt kam ein Abend, an dem ich fürchtete zu sterben. All das nicht mehr auszuhalten, nicht ungezählte Male wiederholen zu können: »Ich bin ich und niemand anderer.« Die Einzelhaft wird mich fertigmachen, alles wird mir mit einemmal egal sein. Nur Schluß damit, nur Schluß. Diese Vorstellung würgte mich, ließ mich kaum atmen. Ich meinte zu fühlen, wie mich meine Kräfte verließen und mit ihnen auch alle Erinnerungen, der ganze Sinn des Lebens. Kalter Schweiß brach mir aus. Der Atem stockte, gleich werde ich sterben.

Das alles dauerte vielleicht nur eine Sekunde, aber die

war von der Art, daß sie für immer in mir blieb. Das winzige Zögern, nicht länger als ein Atemzug, in dem ich unterlegen war.

In jenem Augenblick war es unendlich schwer, die Augen zu öffnen. Es fiel schon leichter, mit den Händen den steinernen Fußboden zu berühren, auf dem ich lag, seine rauhe Oberfläche, und irgend etwas laut zu sagen. Ich sagte: »Nur keinen Unsinn!« und blickte mich um. Dann zwang ich mich aufzustehen, was an sich verboten war, nachts durfte man weder sitzen noch stehen. In der Ecke über dem Abtritt spülte ich mit dem kalten Wasser Gesicht und Hände. Danach legte ich mich wieder hin. Ein Spinnchen hockte am Rande einer angebrochenen Fliese und betrachtete mich. »Bleib bei mir, Freundchen«, flüsterte ich und schluckte ein paar Tränen. Der wache Alptraum war vorbei. Nun wußte ich wieder: Überall ist Leben, auch in dieser unmenschlichen Abgeschiedenheit (man darf sich nur nicht selbst ausschalten). Ich habe doch ein Kind, wie konnte ich es wagen, mich selbst aufzugeben?

Wenn man mich aus der Zelle führte, konnte ich mich manchmal nicht des Gefühls erwehren, ein Abgrund werde sich im nächsten Augenblick unter mir auftun. Das machten die verbundenen Augen. Im Aufzug wurde mir oft ein bißchen schwindlig. In seinem Büro angekommen, ließ mich der Ermittler erst mal eine Weile mit den verbundenen Augen stehen. Dabei erfaßte mich jedesmal Panik. Was ist los? Was soll die Pause? Ist zu Hause etwas passiert, und sie zögern, mir davon zu sagen?

»Tun Sie das Zeug von den Augen, und setzen Sie sich. Bin neugierig, ob Sie endlich Vernunft angenommen haben. Sagen Sie alles über Ihre Aktivitäten ab 1933 aus. Was Sie dann noch getrieben haben, kommt später an die Reihe. Ihre Aufenthalte im Westen zum Beispiel.«

Auf seinem Schreibtisch stand ein Töpfchen mit Kaffee. Der Mann nahm einen ordentlichen Schluck, ich strich mit der Zunge über meine ausgetrockneten Lippen. Hustete.

»Na, na«, sagte der Dicke und wedelte mit einem grünen

Taschentuch über Gesicht und Nacken, »verschlucken Sie sich bloß nicht. Und jetzt los und hübsch vom Anfang. Ich will wissen, wie alles weiterging. Da müssen doch noch ganz andere Sachen vorgekommen sein. Mit wem hatten Sie Kontakt?«

»Kontakt? Ich war befreundet mit …«

»Das reicht jetzt!« Der Gutsbesitzer aus dem chinesischen Märchen lief im Gesicht rot an. »Ich sage Kontakt, und Sie wissen sehr gut, was damit gemeint ist, wenn Sie schon behaupten, im Jugendverband organisiert gewesen zu sein.«

Ja, das war ich. Warum bezweifelt es dieser Mensch? »Kontakt« hatte ich allerdings mit niemandem. Diesen amtlichen Ausdruck kannten wir noch gar nicht. Aber vielleicht hatte der Herr Referent, vielleicht hatte er seinerseits keine Ahnung davon, wie junge Menschen damals gemeinsam dachten und handelten, nicht im »Kontakt«, ganz natürlich im täglichen Leben.

Wie die Dinge lagen, schien uns eigentlich recht einfach zu sein. Einige Menschen hatten alles, und vielen Menschen fehlte fast alles. Gewisse Leute errichteten Konzentrationslager, und andere ließen sich für die Wahrheit, von der sie überzeugt waren, dort einsperren, quälen und umbringen. In der Welt gab es Gerechtigkeit und Ungerechtigkeit, Menschlichkeit und neuartige Barbarei. Nachdenklichen jungen Leuten fiel die Wahl nicht sonderlich schwer.

Als der schreckliche Krieg dann endlich vorbei war, dachten viele voller Hoffnung, nun sei dieser bodenlose Abschnitt der Geschichte zu Ende. Nun werde man nie mehr wegen seiner Zugehörigkeit zu einem Volk, wegen seiner Hautfarbe, dem Glaubensbekenntnis oder der Überzeugung sterben müssen. Das darf doch kein Irrtum gewesen sein! Wieso konnte eine so schmutzige Welle von Verdacht, Lüge und Unmenschlichkeit in schwergeprüften, kaum zu neuem Leben erwachten Ländern abermals alles überschwemmen? Woher kam das wütende Bestreben, den Menschen im Menschen zu ersticken?

Und die Farben der Sonne? Das war wohl eine verrückte Idee, die mir in Augenblicken höchster Niedergeschlagenheit immer wieder einfiel. Mein Leben hat die Farben der Sonne. Wenn ich kaum atmen konnte und die Füße anschwollen. Mein Leben hat die Farben der Sonne. Wenn alle Knochen schmerzten, wenn ich nicht imstande war, zu essen und zu trinken, nichts bekam. Mein Leben hat die schimmernde Farbe der Sonne. Wenn mich kein Lebenszeichen von außen erreichte, vielleicht niemand mehr von mir wußte, nur die gräßlichen Geschöpfe, in deren Macht ich geraten war und die alles in den Schlamm traten, alles verteufelten und mir keine Hoffnung lassen wollten ...

Nein, nein! Hier und auf diese Weise darf mein Leben nicht zu Ende gehen. Es gibt die Farben und das Licht der Sonne, ich kann nur hinter diesen Mauern nichts davon merken.

Einmal, das ist schon sehr lange her, fuhr ich in Prag nach einem langen Arbeitstag mit der Straßenbahn nach Hause. Damals ratterten noch die alten Wagen durch die Stadt, die vorne eine Plattform hatten, auf der man neben oder hinter dem Fahrer stand. Der Mann, neben dem ich müde hin und her wankte, war weder jung noch alt, schweigsam, wahrscheinlich gleichfalls müde. Sein Gesicht bedeckten Bartstoppeln, und seine großen Hände manipulierten verläßlich mit den Hebeln des Motors. Mit einemmal bremste er scharf. Der Wagen schüttelte sich und blieb stehen. Was war los? Die Geleise waren frei, niemand versuchte, sie schnell zu überqueren, kein anderes Fahrzeug stand im Weg. Der Mann sprang hinaus und verschwand beinahe unter dem Wagen. Als er wieder zum Vorschein kam, stand ein leicht schuldbewußtes und seltsam glückliches Lächeln auf seinem Gesicht. In der Hand hielt er eine halbgeschlossene gelbe Rose. »Ich konnte sie doch nicht überfahren«, murmelte er entschuldigend, als er seinen Platz auf der Plattform wieder einnahm. »Sie lag auf den Schienen, und ich habe sie erst im letzten Augenblick gesehen.« Dann trat er auf die Klingel und setzte den Wagen von neuem in Bewegung.

Die abendliche Straße schien durchflutet zu sein von den Farben der Sonne.

Tag und Nacht surrte in meinem Kopf die Frage: Warum hielt man mich wie eine Verbrecherin fest? Was wollte man von mir? Warum stahlen sie mir, und mit mir meinem Kind und meinem Mann, eine unwiederbringliche Zeit unseres Lebens? Hätte man mich konkret beschuldigt, hätte ich mich wehren können. Aber so tappte ich im dunkeln. So bemächtigte sich meiner eine unheimliche Angst vor einer unbekannten und somit noch bedrohlicheren Gefahr. Gerade das schien meinem Herrn Referenten zu passen. Siehst du, wie schrecklich wir sind! Aus dem Netz unserer Fragen gibt es keinen Ausweg.

Und sie waren schrecklich. »Verbinden Sie ordentlich – das hieß mit dem mehrfach gefalteten Handtuch – die Augen!« Dann erwischte mich jemand am Ärmel und führte mich durch einen Korridor; jemand anderer – blank geputzte Halbschuhe – übernahm mich, ein Gitter rasselte, ich wurde vor einen Aufzug gestellt. Als die Kabine ankam, verließen sie unsicher einige nackte Fersen in denselben formlosen Pantoffeln, die auch ich an den Füßen hatte. Wenn ich ein Auge zukniff und mit dem anderen durch den Spalt unter der Nase schaute, konnte ich gerade nur diese Fersen sehen. Schon damals ahnte ich, daß ich den merkwürdigen, unsicher schlurfenden Schritt der Menschen mit verbundenen Augen für immer im Kopf behalten werde.

Die unheimliche Maschinerie und ihre Vollzieher waren in der Tat schrecklich. Und doch ging ihre Rechnung nicht immer auf.

»Sie finden hier etwas zum Lachen?« Ich hatte gar nicht gelacht, ich gähnte. Aber der Gutsbesitzer aus dem chinesischen Märchen wurde wütend, sowie er bemerkte, daß ich mich beruhigte. »Wir werden Ihnen Ihre gute Laune schon austreiben! Sie haben einiges über die deutsche Emigration ausgesagt, aber bei weitem nicht alles. Packen Sie ordentlich aus, und versuchen Sie keine Kniffe. Uns ist nämlich bekannt, daß Sie sehr viel wissen. Also bitte! Was haben diese Leute in der Tschechoslowakei getrieben?«

Sie liefen durch die Stadt, die fremd für sie war. Was die Menschen ringsum sprachen, konnten sie nicht verstehen. Ein Schauspieler verkaufte Schnürsenkel von Tür zu Tür, ein Dichter bot an einer Straßenecke Zeitungen feil, eine Tänzerin nähte zu Hause Pantoffeln. Wenn jedoch am Abend vielversprechende Lichtreklamen die Dunkelheit in den Straßen zerschnitten und Menschen wie sie, wie sie noch vor kurzem, in Kinos, Theater und Konzertsäle eilten, befreiten sie sich aus dem Zwang der endlosen Jagd nach einem bißchen Lebensunterhalt, nahmen für ein paar Stunden ihr natürliches Wesen an.

Der Klubraum des Café Metro in der Nationalstraße konnte rund zwanzig Menschen fassen, ausnahmsweise auch noch eine Handvoll mehr. Er war nicht gerade einladend und unzureichend gelüftet. Ungeachtet dessen pflegten dort exilierte deutsche Schriftsteller ihre Zusammenkünfte abzuhalten. Für die Kellner eine leicht fremdartige, nicht überaus konsumfreudige, aber ganz passable Gesellschaft. Der kleine Mann mit dem Kahlkopf und den vollen, leicht ironisch aufgeworfenen Lippen hatte in Prag seinen Berliner Malik-Verlag zu bescheidenem neuen Leben erweckt. Hier druckte er die Werke seiner Freunde auf geliehenem Papier. Wieland Herzfelde war ein ruhiger Mensch, sein Bruder dagegen ein zappliges Männchen mit gefurchter Stirn und kleinen, ruhelosen Händen; er hatte während des ersten Weltkriegs aus Protest gegen »die Kriegslust« Deutschlands ein englisches Pseudonym angenommen und behielt es bis ans Ende seiner Tage. Kaum jemand konnte sich so aufregen, so spitzbübisch lachen, so meisterhaft die Ungeheuerlichkeiten des Faschismus attackieren wie dieser John Heartfield, der die ersten künstlerischen Fotomontagen geschaffen hat. Ihm gegenüber pflegte ein Mann beinahe asketischen Aussehens zu sitzen, lang und mager, mit einem Funken Besessenheit in den hellen Augen. Das war Peter Nikl, mit bürgerlichem Namen Johannes Wüsten, Schriftsteller und Kupferstecher. Sein liebstes Thema waren die Bauernkriege. Er wollte von Prag aus mit Feder und Nadel einen Volksaufstand gegen die neuen Tyrannen in seiner Heimat entfachen. So ungefähr sprach er, das war seine Art. Er hat während des Krieges in Paris am Widerstand gegen die Okkupanten teilgenommen, wurde von der Gestapo gefaßt und ist in einem Zuchthaus umgekommen.

Man stritt in dem verrauchten Klubraum, diskutierte leidenschaftlich, hustete. Manch einer nach ungezählten Zigaretten, ein anderer wegen bereits beginnender Tuberkulose. Diese Menschen opferten unersetzbare Stunden ihres Schlafes dem Bestreben zu begreifen, was sich im ersten Land mit einer Sowjetregierung ereignete: waghalsige Veränderungen und Entsetzen hervorrufende politische Prozesse, neue Wege der Kunst und gleichzeitig neue Drangsale. Und was ließ die Komintern zu alldem verlauten? Bei weitem nicht jeder in dem Klubraum war Kommunist, aber alle waren Gegner des Faschismus; das verband sie.

So irgendwie erlebte ich das damals mit meinen knapp zwanzig Jahren. Aber was davon konnte der Dicke in der grünen Uniform begreifen? Wo war er, als solche Menschen nachts über die verschneiten Hänge des Riesengebirges schlichen, wenn es ihnen gelungen war, aus dem Dritten Reich auszubrechen, weil sie ihren Widerstand selbst nach erlittener Verhaftung und Gefängnisstrafe nicht aufgeben wollten. Bestenfalls hat er darüber etwas in der Zeitung gelesen. Von der Gemeinschaft der Fliehenden und der Aufnehmenden wußte er kaum etwas, auch nichts von der Freundschaft, die in den Stunden bangen Wartens und dem freudigen Aufatmen bei geglückten Begegnungen in nächster Nähe der Grenze entstand.

War hier vielleicht der Anfang einer Generation ohne Ende?

Inzwischen waren zum Glück zahlreiche Tore zugefallen, hinter denen so viele Menschen ein unwiederbringliches Stück Leben verloren haben. Also vorbei? Wie oft habe ich mich gezwungen, in Gedanken tunlichst nüchtern meinen ganzen Weg vorüberziehen zu lassen. Manche Erinnerungen sind vernichtend, eisig kalt wie die Stirn von Toten. Zu viele Fragen erwarten noch eine Antwort. Warum muß ich, ein völlig unbedeutendes Opfer der »Verletzung sozialistischer Gesetzlichkeit«, immer wieder zu dieser Katastrophe zurückkehren? Ist es ein Gefühl der Mitverantwortung, das alle aus dieser Generation, die »dabei war«, mit ihrer Ausdauer oder Flüchtigkeit, mit blindem Vertrauen, mit Vorsicht oder Leichtsinn im Denken und Empfinden, mit ihrer Sehnsucht nach einem neuartigen vollen Leben, gewollt oder ungewollt, mit auf sich genommen haben?

Es gibt Menschen, denen es ganz gut gelingt, ihre Gedanken und Erinnerungen hübsch an der Leine zu halten. Andere erklären: »Ich bleibe, wie ich immer war.« Als ob gerade das eine kolossale Tugend wäre. Als ob wir nicht endlich gelernt hätten, daß es keine größere Tapferkeit gibt als den Mut zur Erkenntnis und Veränderung.

Und die Farben der Sonne? Die bewahrt, wer ohne Aufsehen, aber konsequent darangeht, bei der Beseitigung von Unverzeihlichem zu helfen. Wer es zu enthüllen hilft, um bedingungslos und streng alles Notwendige zu tun, damit so etwas ein für allemal vorbei ist. Ein für allemal und überall auf der Welt. Vielleicht ist gerade das der entscheidende Schritt in das helle Licht und die gute Wärme der Sonne.

Wer an die verführerische Idee einer sozial gerechten Ordnung der menschlichen Angelegenheiten ehrlich geglaubt hat und dann, früher oder später, betroffen ihre Deformation – welch unzureichendes Wort! –, die Umkehrung eines Traumes in bitteren Alptraum erleben mußte, wer erkannt hat, daß Gewalt und totalitäre Macht Menschen auf keinem Weg zugute kommen können und Diktatur unter jedwedem Vorzeichen abgelehnt, bekämpft und beseitigt werden muß, weil Freiheit ein unantastbares

Recht ist, der hat, so glaube ich, einen schwierigen Weg zurückgelegt. Niemand kann mir vortäuschen, daß das einfach ist.

An manchen Tagen durfte ich mich nicht niedersetzen. »Gehen, gehen!« mahnte der Aufseher am Guckloch. Und »Gehen, gehen! Los, los! Soll ich Ihnen aufhelfen kommen?« erklang es aus allen Ecken und Enden des Korridors, den ich niemals zu Gesicht bekam. Und so ging ich meine fünfeinhalb Schritte hin und fünfeinhalb Schritte zurück. Wohin hätte ich mich auch setzen können, wenn das Sitzbrett an die Wand geklappt war? Auf den kalten dunkelroten Fußboden? Das durfte man auch nicht. Eines Abends versuchte ich es dennoch. Im Heizungsgitter knapp über dem Boden klapperte es leicht, und so hoffte ich, etwas Wärme werde in die Zelle geleitet. Ich ließ mich auf dem Fußboden nieder, angelehnt an das Metallnetz, das die erwärmte Luft einlassen sollte. Dort hockte ich vielleicht eine oder zwei Minuten, das Metall hinter meinem Rücken war noch kalt, als die Zellentür mit einem barschen Verweis aufflog. Folgsam ging ich von neuem fünfeinhalb Schritte hin und fünfeinhalb Schritte her.

Als Kind habe ich einmal auf einem Jahrmarkt ein Eichhörnchen in einer Holztrommel aus dünnen Stäbchen beobachtet. Es trippelte und trippelte, ohne dabei von der Stelle zu kommen, und ich versuchte vergeblich, meine Finger zwischen die Stäbchen zu zwängen, um die sich drehende Trommel zum Stillstand zu bringen. Jetzt war ich selbst so ein Eichhörnchen, das das Kommando: »Gehen, gehen!« jagte. Am Guckloch lauerte ein Auge, stumpf und leblos, wie festgemacht an der metallbeschlagenen Tür. Hinter anderen Türen auf demselben Korridor, auch über und unter mir trabten Menschen in ebenso kleinen Zellen gleichfalls von Ecke zu Ecke, erschöpft durch die eintönige Bewegung und ständige Demütigung. Ein Gewimmel von menschlichen Eichhörnchen in einer gigantischen, ausweglosen Trommel. Und all das wagte man als Schutz des Sozialismus auszugeben, der Idee, deren Ziel es sein sollte, die Erniedrigung des Menschen durch den Menschen abzuschaffen.

»Ich bitte Sie!« Der Herr Referent mit dem glänzenden Gesicht begann unruhig zu werden, sowie er bemerkte, daß mich meine Gedanken von ihm wegführten. So ein Pech. Da hat man ihm doch wirklich eine richtige Niete zugeteilt. Mit diesem Frauenzimmer war kein Staat zu machen. Bis er das Protokoll mit ihrer Aussage vorlegen wird, kann er mit einem ganz schönen Krach rechnen. So ein Quatsch ist doch keine Aussage, wird man ihm vorwerfen, geschweige denn ein Geständnis.

»Ich bitte Sie«, wiederholte er gereizt, »wie lange wollen Sie mich noch mit Ihren Märchen hinhalten? Ein prima Trick, wie? Aber so was hilft Ihnen nicht, das garantiere ich Ihnen. Und jetzt zur Sache: Uns interessieren alle Aktivitäten und Kontakte. Wie oft soll ich das noch betonen?«

Zögernd, weil ich diesem Menschen doch mißtraute, begann ich davon zu sprechen, wie ich mit einem Koffer mit doppeltem Boden nach Nordböhmen an die Grenze fuhr und diesen, der ein paar Dutzend illegale Broschüren enthielt, dort jemandem übergab, der ihn, seinen Kopf und Kragen riskierend, ins Dritte Reich mitnahm.

Die »Aktivitäten«, denen der Ermittler so hilflos nachschnüffelte, hatten in der Tat etwas beinahe Märchenhaftes an sich. In unserer Redaktion der AIZ gab es neben der normalen auch eine sogenannte »stille« Produktion, in die aus begreiflichen Gründen nur wenige Menschen eingeweiht waren. Beschlüsse politischer Parteien im Exil, Aufrufe und Erklärungen namhafter, in Deutschland verbotener Schriftsteller und Künstler, gewisse besonders treffende Fotomontagen John Heartfields u. ä. wurden in winzigem Format, gedruckt auf dünnstem Papier und getarnt als Verpackungen von Shampoon oder Blumensamen in hübschen Säckchen mit aufgedruckten blonden Schönheiten oder lieblichen Blümchen, in das benachbarte Nazireich geschmuggelt. Das war so eine, vielleicht die originellste »Aktivität«, natürlich neben anderen, auf den ersten Blick weniger ansprechenden.

Einmal betraute man mich mit einer besonderen Mission. Ich wurde in die Schweiz geschickt, und dort wartete ich in der Nähe der deutschen Grenze auf einen älteren Menschen, der kurz zuvor aus einem Konzentrationslager entlassen worden war, mit der Verwarnung, sich pünktlich jeden zweiten Tag bei der lokalen Amtsstelle der Gestapo zu melden. Ihn sollte ich über Österreich nach Prag begleiten. Die Begegnung klappte, der Mann drückte mir bei unserer Begrüßung stumm die Hand, sprach dann auch unterwegs kaum ein Wort mit mir. Als ich ihn fragte, ob er etwas essen oder trinken möchte, knurrte er nur verneinend. Er rauchte eine Zigarette nach der anderen, wahrscheinlich war er sehr nervös. Ich mußte husten.

Ehrlich gesagt, hatte ich mir dieses Abenteuer – denn als solches empfand ich das nicht ganz ungefährliche Unternehmen – ein bißchen anders vorgestellt, war gespannt, wen man mir wohl anvertraut hat, hing allerhand romantischen Phantasien nach. Sicherlich wird es eine faszinierende Persönlichkeit sein, um die mich im Zug alle Mitreisenden beneiden werden. Die Person, die mir nun gegenübersaß, entsprach leider ganz und gar nicht meinen heimlichen Erwartungen, war mir eher unsympathisch. Ein paarmal versuchte ich ein Gespräch anzuknüpfen.

»Soll ich das Fenster ein wenig öffnen? – Zieht es nicht von der Tür?«

Alles vergeblich. Der Mann schüttelte nur jedesmal wortlos den Kopf. Vielleicht befremdete es ihn, einen älteren Menschen, daß man ihn einem so jungen Ding anvertraut hatte, vielleicht ... Ach was! Ich hatte für die Dauer der Reise die Verantwortung für ihn übernommen, wußte, daß er die vorangegangenen Jahre Schweres erlitten hatte, und war entschlossen, ihm beizustehen. Seine falschen Reisepapiere lagen sicher in meiner Handtasche. Als der Zug endlich in den Prager Hauptbahnhof einfuhr, fiel mir dennoch ein Stein vom Herzen. Damit war meine Mission zu Ende, ich übergab meinen Schützling jemandem anderen und überlegte erleichtert, wo ich am Abend meine Freunde antreffen könnte.

»Einige Male beteiligte ich mich im Isergebirge an Treffen mit Widerstandskämpfern aus Deutschland. Aus Gründen der Vorsicht kannten wir sie nur unter ihren angenommenen Namen. Sie riskierten ja viel. Ich habe diese Menschen, unter ihnen gab es auch Frauen, sehr bewundert.«

»Schon wieder phantasieren Sie«, unterbrach der Referent mein ruhiges Aussagen und grinste spöttisch, »lauter geborene Helden! Wer soll Ihnen diese Geschichten glauben? Daß es die Gestapo gab, hat Sie anscheinend nicht weiter beunruhigt, wie?«

Was die Gestapo war, wußte ich, hörte und las über sie erschreckende Berichte und hatte Angst vor ihr. Aber das durfte notwendige Entscheidungen nicht untergraben. Die Gestapo fürchtete jeder.

»Na sehen Sie, jetzt kommen wir der Sache schon näher.« Der Gutsbesitzer aus dem chinesischen Märchen strahlte, als ob ich ihm soeben eine ganz außerordentliche Freude bereitet hätte. »Und aus Angst wurden dann Lumpereien begangen.«

Kein Wort mehr, beschloß ich, oder bloß das Allernotwendigste. Es hat ja keinen Sinn. Woher kam dieser Mensch, der mit solcher Selbstverständlichkeit immer nur das Schlimmste voraussetzte? Der französische Schriftsteller Robert Merle hat ein erschütterndes Buch mit dem Titel »Der Tod ist mein Beruf« geschrieben. Der Beruf dieses Beamten war Mißtrauen, Verdacht und böse Absicht, die alles Reine im Menschen zersetzen.

Trüb waren in seiner Gegenwart die Farben der Sonne.

Dieser Referent, der mich »bearbeiten« mußte, war etwas älter als ich und früher einmal vielleicht ein ganz normaler einfacher Mensch. In manchen Augenblicken, die aber recht selten waren, betrachtete er mich geradezu ratlos und wiederholte zerstreut, wie ein kaputtes Grammophon, ständig denselben Satz.

Aber er war mit Macht ausgestattet, mit Macht über einen Untersuchungshäftling, über diese Person, von der man ihm erklärt hatte, sie habe »die Sache der Arbeiterklasse verraten«, sie sei höchstwahrscheinlich auch »Zionistin« oder »Titoistin« und auf jeden Fall eine »Spionin des Imperialismus«. Ein solches Individuum hatte er sich freilich ein wenig anders vorgestellt, und diese schmächtige Person und alles, das er bislang aus ihr herausholen konnte, entsprach kaum einer solchen Vorstellung. So eine Spionin großer Herren, die mußte doch, Donnerwetter!, wenigstens ein ordentliches Weibsstück sein, nicht? Aber die kleine Frau dort in der Ecke – irgendwie stimmte da etwas nicht. Solche gab es zu Dutzenden in der Arbeiterbewegung, das wußte er, war ja auch schon ein paar Jährchen »dabei«. Nur die Augen dieser da sind irgendwie sonderbar, aber ansonsten …

Na, na! Er zog den Riemen um seine Uniform fester und kehrte Nummer 2814 den Rücken. Schließlich hatte man ihm durchaus eindeutig erklärt, daß sie eine Spionin ist, ein Klassenfeind, verdorben und raffiniert, mit allen Wassern gewaschen, gerade das machte sie ja gefährlich. Er wird sie schon zum Reden bringen, darauf kann man sich verlassen, nicht umsonst hat man ihn geschult. Soll sie nur quasseln, was sie will, sie macht das ja nur, um ihn zu verwirren. Aber das wird ihr nicht helfen. Er geht nämlich nach einem Plan vor, und der wurde von vortrefflichen Köpfen ausgearbeitet. Wenn sie das wüßte, würde sie mit einem Schlag ihre ganze Courage verlassen.

Ich heftete inzwischen meine sündhaften Augen auf seinen breiten Rücken und überlegte: Denkt der Mensch überhaupt darüber nach, was ich sage? Darf er das nicht, oder will er es gar nicht? Weiß er wirklich so wenig, oder ist er nur ein schlecht angekurbeltes Grammophon?

Das Prag von einst. Das war doch nicht nur die mächtige Živnobank und Arbeitslosigkeit, Polizeiknüppel und Demonstrationen, der krakeelende Hitler im Rundfunk und antifaschistische Losungen an Zäunen und Häuserwänden. Prag, das war auch der Duft von Akazien auf den Plätzen der Kleinseite und das Gewimmel im Zentrum der Stadt, die vielen Menschen mit ihrer täglichen Mühsal und ihren großen und kleinen Freuden. Prag in den dreißiger Jahren war zum Beispiel auch der Bert-Brecht-Club im kleinen Saal unter der Produktenbörse.

»So, und jetzt hübsch der Reihe nach. Dieser Brechter, oder wie er heißt, der gerade interessiert uns vielleicht.« Der Dicke steckte sich eine Zigarette an, rauchte in kurzen, hastigen Zügen und blickte dabei aus dem Fenster, hinter dem ein mißmutig grauer Himmel hing.

Es war ein ähnlich unfreundlicher Tag, als mich der kurzsichtige Pavel holen kam, der Bürodiener der Firma, bei der ich meine erste Anstellung hatte. »Kleine«, sagte er – so nannten mich meine durchwegs älteren Kollegen –, »die Deutschen haben wieder einmal Besuch. Komm ihn dir anschauen.«

Die Deutschen – das war hier der Emigrationsverlag Malik Wieland Herzfeldes, der ein paar Wochen zuvor den Konferenzraum der Firma gemietet hatte. Wenn unbekannte Besucher nach ihm fragten, funktionierte ich als eine Art Vorsichtsriegel. Mit dem kurzsichtigen Pavel war vereinbart, daß er solche Leute zuerst mir meldete. Auch mein Bürokollege Jaroslav Foglar – nach dem Krieg wohl der bekannteste Autor von Jugendbüchern für Jungen in der Tschechoslowakei – war mit im Spiel. Wenn ich fremde Besucher in Augenschein nahm, erschien er jedesmal wie zufällig an der Schwelle des kleinen Empfangsraums. Er mochte Kommunisten nicht, und wir hatten mitunter erhitzte politische Auseinandersetzungen. Aber das war ein anderes Kapitel, und die »Kleine« war schließlich nicht Stalin, und daß Hitler ein Verbrecher war, stand für uns beide außer Frage. Wir kamen sehr gut miteinander aus. Und so pflanzte sich Jaroslav stets in der Tür auf, wenn mich Pavel holen kam, und ließ die Besucher nicht aus den Augen.

An jenem Tag stand am Fenster des kleinen Warteraums ein Mann mit einem auffallend großen Kopf. Vielleicht war er gar nicht so groß, eher rund. Eigentlich auch nicht rund, irgendwie eckig, kurz: auffallend. Der Mann rauchte eine Zigarre, hatte gescheite Augen; die waren spöttisch, beinahe stechend und eng nebeneinander gesetzt. Er kaute an der Zigarre und hielt mit seinen sonderbaren Augen Umschau.

Die Frau, die mit ihm gekommen war, war beweglich wie eine Eidechse. Ihre kleine, schmale Gestalt war in einen zottigen gelben Pelzmantel gehüllt. Sie hatte dunkles, kurz geschnittenes und nach hinten gekämmtes Haar. Sehr große dunkle Augen und auch einen großen Mund. Unruhige Hände. Alles an ihr war irgendwie unruhig, sie schien verkörperte Nervosität zu sein.

Ich wußte den kurzsichtigen Pavel und die mißtrauischen Augen von Jaroslav hinter mir. Diesmal war das überflüssig. Diese beiden Besucher waren bestimmt in Ordnung. Ungewöhnliche Menschen und doch gleich sonderbar vertraut. Insbesondere die Frau; die Augen des Mannes blieben ein bißchen erschreckend.

»Guten Tag. Nehmen Sie bitte Platz. Was kann ich für Sie tun?«

Der Mann rührte sich nicht vom Fenster. Die Frau blickte mir ins Gesicht, dann erwischte sie mich zu meiner Überraschung am Ärmel meines Arbeitskittels und sagte nervös mit der rauhen Stimme einer starken Raucherin:

»Bitte rufen Sie Wieland, das heißt, Herrn Herzfelde. Wir müssen dringend mit ihm sprechen.«

»Ich muß erst nachsehen, ob er da ist.« In Ordnung oder nicht, ich wußte, was ich zu tun hatte. »Wen darf ich melden?«

Ein kurzes Zögern, ein Blick von der Frau zu dem Mann, dann zurück zu mir.

»Helli. Sagen Sie bitte, die Helli ist da mit Bert.«

Meine beiden Schutzengel in der Tür hätten längst verschwinden können. Obwohl ich im Zusammenhang mit Herzfelde bereits an verschiedene Überraschungen und auch an bekannte Namen gewöhnt war, stotterte ich fast vor Aufregung, als ich in den von ihm eingenommenen Konferenzraum der Firma stürzte und schon von der Schwelle rief:

»Wieland, komm schnell. Im Wartezimmer sind der Brecht und die Weigel.«

Das war meine einzige Begegnung mit dem Dichter, den ich so bewunderte und dessen Namen der Prager Emigrantenclub trug. Mit Helene Weigel war ich in späteren Jahren befreundet.

Der Dicke verließ das Fenster und schritt zum Schreibtisch. Gähnte vernehmlich, zeigte sein gesundes Gebiß. Im Zimmer war es warm, er zog die Uniformjacke aus und hängte sie sorgfältig über die Lehne seines Sessels. Dann holte er sein ärarisches grünes Taschentuch hervor und begann ein offenbar neues glänzendes Sternchen auf seiner Schulterklappe zu polieren.

»Na was denn, was denn«, brummte er, als er meinen aufmerksamen Blick bemerkte, »schauen Sie gerade vor sich hin, sitzen Sie ruhig, und drehen Sie sich nicht wie ein Kreisel. Und fahren Sie fort«, forderte er mich auf und befeuchtete das Taschentuch mit der Zungenspitze. »Ich höre.«

Als klar wurde, daß die deutschen Emigranten mit einer Rückkehr in ihre Heimat noch längere Zeit nicht rechnen konnten, überkam manchen von ihnen eine tiefe Depression. Sollten sie jetzt nur dafür leben, eine Unterkunft, einen Wintermantel und etwas Warmes in den Magen aufzutreiben? War das ihre Zukunft? Der verrauchte Klubraum des Café Metro wurde ihnen zu eng. Auch ging es ja nicht nur darum, längst Überzeugte von ihrer Wahrheit erneut zu überzeugen. Die Schriftsteller, Schauspieler, die Wissenschaftler und Journalisten unter ihnen vermißten eine öffentliche Tribüne. Ihre tschechoslowakischen Freunde zeigten dafür Verständnis. Und so wurde eine Vereinigung gegründet, in der Emigranten mit Pragern in persönliche

Berührung kommen konnten. Sie erhielt den Namen Bert-Brecht-Club. Damit waren alle einverstanden.

Selbst heute noch werden mitunter Nachforschungen unternommen, warum der Klub in Prag gerade so hieß. Die Antwort auf eine solche Frage ist wahrscheinlich weder zufriedenstellend noch erschöpfend, aber recht einfach: Dieser Klub konnte damals beinahe nicht anders heißen.

Mein Referent richtete sich auf, trat ein wenig von dem Stuhl zurück und betrachtete sein Werk. Das Sternchen auf der Schulterklappe glänzte, blitzte fast. Er war sichtlich zufrieden.

»Was gibt's?« herrschte er mich an, als er bemerkte, daß ich – was wahrlich nur selten vorkam – ein Lachen kaum unterdrücken konnte. »Warum schweigen Sie schon wieder? Wollen Sie, daß wir die ganze Nacht hier verbringen? Sagen Sie ein bißchen sachlicher aus. Was waren die Kontakte und die Aktivität dieses prachtvollen Klubs?«

Ich seufzte. Wiederum eine durchaus unsinnige Frage. Der Bert-Brecht-Club entfaltete keine »Aktivität« und pflegte keine »Kontakte«. Er war schlicht ein Bestandteil des Prager kulturellen Lebens in den unruhigen dreißiger Jahren.

Man versammelte sich nach Artikel zwei des damaligen Vereinsgesetzes. Danach mußte der Einberufer einer nicht öffentlichen, im voraus nicht polizeilich angemeldeten Veranstaltung jeden Teilnehmer persönlich kennen. Manchmal entstand ein spannender Augenblick, wenn im Laufe des Abends plötzlich Polizeibeamte den Raum betraten, mit dem Einberufer zu sprechen wünschten – das war mitunter, gerade vorzeitig großjährig erklärt, auch ich – und zu fragen begannen: »Wie heißt dieser Mann? Und dort die Frau? Und wer ist diese Person?«

Zum Glück wußten die meisten Anwesenden, wie sie sich in einem solchen Fall verhalten sollten. Kaum war ein Polizeifinger auf sie gerichtet, trugen sie auch schon laut ihren Namen vor, und der Einberufer konnte erleichtert bestätigen: »Jawohl, das ist Herr X oder Frau Y.«

Aber darüber sagte ich dem Referenten lieber nichts. Der wollte ja auch vor allem wissen, was die Klub-Aktivitäten waren und wovon bei den Zusammenkünften gesprochen wurde. Das, so meinte ich, konnte ich ruhig aussagen. Man sprach über Bücher, über Filme, z. B. die von Chaplin, über sozialistischen Realismus und abermals über Bücher. Über Expeditionen in die Antarktis und den Krieg in Abessinien. Und über Bücher. Über die Fotomontage im Kampf gegen den Faschismus, über das tschechische Theater und sowjetische Filme. Über die Sitzstreiks in Frankreich und die Internationalen Brigaden in Spanien. Und selbstverständlich über die neuesten Bücher.

Der Klub hatte Stammgäste und Stammreferenten. Das waren in Prag ansässige Emigranten wie etwa der Philosoph Ernst Bloch, der Musikwissenschaftler Professor Leo Kestenberg, eine beträchtliche Anzahl von Schriftstellern. Von tschechoslowakischer Seite referierten der Dichter Rudolf Fuchs, der Schriftsteller und Zeichner Adolf Hoffmeister, der Chefredakteur der AIZ Franz Carl Weiskopf u. a. Manchmal waren durchreisende oder nur kurzfristig in Prag weilende Gäste zugegen. So der Komponist Hanns Eisler, der Schauspieler Wolfgang Langhoff, auch Egon Erwin Kisch stellte sich jedesmal ein, wenn er gerade zu Besuch bei seiner Mutter in Prag war.

»Der Kisch?« Der Dicke spitzte die Ohren. »Den haben Sie wahrscheinlich bewundert, was? Raste durch die Welt, so was imponiert Ihnen. War auch ein durchtriebener Agent, Ihr Kisch.«

»Agent?« wiederholte ich. »Es gab Leute, die behaupteten, daß er für den sowjetischen Geheimdienst tätig war.«

Mein Referent schnappte wortlos nach Luft. Und damit war das Kapitel Kisch geschlossen. Sie kamen nie mehr darauf zurück.

»Muß ja eine feine Gesellschaft gewesen sein«, sinnierte mein Verhörer, als er sich von seinem Schock erholt hatte, »und hat zusammengehalten auf Biegen und Brechen, wie?«

»Wir haben zusammengehalten«, bestätigte ich leise, »es ging ja um ein gemeinsames Anliegen, um uns und die Zukunft auf dieser Welt.«

»Na, wie Sie meinen. Verbinden Sie sich die Augen.«

Und er ließ mich in die Zelle zurückführen.

In die Zelle. Wie viele Briefe und Kassiber haben allein im kaum vergangenen Jahrhundert versucht, »denen draußen« zu erklären, was es bedeutet, in einer Zelle leben zu müssen. Als Objekt fremden Willens. Wie viele Bücher wurden bereits darüber geschrieben, wie viele Filme gedreht. Und doch war bislang kein Arzt imstande, auf seinem Apparat die Zuckungen eines menschlichen Herzens festzuhalten, das sich nach Freiheit sehnt. Kein Mathematiker kennt die Zahl der Träume eines gefangenen Menschen. Und noch niemand hat es fertiggebracht, einen durch Unrecht und Verleumdung hervorgerufenen Schmerz verläßlich zu erfassen.

Noch viele Jahre später habe ich so manche Nacht in der vertrauten Sicherheit meines Zimmers durchwacht, in der Dunkelheit, die still und beruhigend von der Decke hing. Alles ringsum war freundlich und gut, vor den Fenstern rauschte die Nacht in der Krone eines alten Baumes, durch die Straße wehte der warme Atem menschlicher Nähe – und ich konnte nicht einschlafen, weil mich immer und immer wieder dieselbe Frage quälte. Jemand stellte sie mir gleichgültig, jemand hoffnungsvoll und mancher sogar böse: Kannst du nach all dem Geschehenen auf deinem bisherigen Weg bleiben? Und ich bringe es nicht fertig, verständlich darzulegen, wie angestrengt ich in der verfluchten Zelle gerade darüber nachgedacht habe: Einen anderen Weg wählen? Einen, der scheinbar gangbarer ist und der einem anderen, für mich bisher nicht anstrebenswerten Ziel zuführt? Kann ich, trotz all seiner inzwischen bloßgelegten Abgründe, auf dem bisherigen ausharren? Wo bietet sich mir ein neuer Weg, an dessen Ideale und Ziele ich glauben könnte? Es muß ihn doch geben.

Es war eine sehr aufreibende Arbeit, dieses Grübeln in der kahlen Einzelzelle, fast zuviel für einen völlig allein gelassenen Menschen. Meistens endete es in bitterer Ausweglosigkeit und nur ganz selten im jähen Aufglimmen einer Erleichterung, wie man sie bei einer entscheidenden Erkenntnis erleben kann: Jetzt weiß ich. Und kann. Begreife endlich, was falsch war, und kann versuchen, neu auszuschreiten. Muß es tun.

Nach solchen Stunden fielen mir vor Erschöpfung die Augen zu. Und dann sah ich die Farben der Sonne. In der trostlosen Zelle und auch noch später, schon zu Hause.

Wenn man mich vom Verhör zurückbrachte, war ich in den mir zugewiesenen vier farblosen Wänden Stunden, Tage und Nächte allein. Ganz allein, ohne Menschen, selbst ohne Dinge. Das ist unnatürlich, absurd. Weil ich es nicht ändern konnte, beschloß ich, mich wenigstens zu wehren. Wie? Das mußte sich ergeben, aber wehren war unumgänglich, weil hier alles darauf ausgerichtet war, den Gefangenen zu zermürben. Er sollte vergessen, daß er ein Mensch war oder gar noch ist. Deshalb mußte man strammstehen, wenn die Zellentür aufging, deshalb mußte man jedesmal um die grundlegenden hygienischen Bedarfsmittel ansuchen, deshalb wurde man gezwungen, auf die Decken, in denen man nachts lag, am Tag den Fetzen zu legen, mit dem man den Fußboden und den Abtritt wischte, deshalb trampelten die Männer bei der Zellenkontrolle jedesmal mit ihren Stiefeln über diese Decken.

Wahrscheinlich war es vernünftiger, sinnlose Zusammenstöße zu vermeiden. Das brachte ich leider nicht fertig. Ich legte den schmutzigen Fetzen nicht auf die ungelüfteten Decken, und grobes Schimpfen beantwortete ich unwillkürlich mit scharfen Worten. So wehrte ich mich verzweifelt, wiewohl völlig aussichtslos. Als man mir den Strohsack, dessen Füllung längst zu Staub geworden war, nicht auswechseln wollte, verlangte ich, mit dem Gefängnisdirektor zu sprechen. Er kam auch, ein großer, vierschrötiger

Mensch mit kräftigen Händen und einem ausdruckslosen Gesicht. Wortlos betrat er die Zelle, befühlte mit den kräftigen Händen eine Ecke des Strohsacks, als ob er nicht wußte, daß der überall sonst zerlegen war, und murmelte:

»Die Beschwerde von Nr. 2814 ist unberechtigt.« Damit ging er.

Ich wandte den Kopf weg, damit er mein unglückliches Gesicht nicht sehen konnte.

All das war Bestandteil eines ganz bestimmten Systems, das sich allerdings noch weitaus ärgere Sachen zuschulden kommen ließ. Mit meinem Herrn Referenten hatte ich es von Tag zu Tag schwerer. Ohne Zweifel auch er es mit mir. Vieles, das er mit mir »klären« sollte, konnte er gar nicht verstehen, und das machte ihn wütend. Am schlimmsten war es, wenn er nach vollzogenem Verhör nicht melden konnte, daß er dieses oder jenes »bloßgelegt« oder »erwiesen«, und vor allem, daß er die Beschuldigte eines weiteren Verbrechens »überführt« habe. Zum Beispiel der unerhörten Sünde zu leben.

»Das ist doch interessant. Sie behaupten, daß die Nazis Ihre gesamte Familie umgebracht haben. Und gerade Sie hatten verdammtes Glück, Ihnen ist nichts passiert. Sie müssen doch selbst zugeben, daß das zumindest sonderbar ist.«

»Ja, ich lebe«, antwortete ich schnell, denn auf keinen Fall wollte ich ihm gestatten, sich über diesen Punkt, meine offene Wunde, weiter auszulassen. »Soll ich mein Leben hassen?«

Was dann geschah, möchte ich gern vergessen. Manchmal tobte der Herr Referent, geriet richtig aus den Fugen. Da konnte ich nur erstarren und versuchen, nicht hinzuhören. Manchmal verließen mich meine Kräfte. Da ließ ich meinen Tränen freien Lauf, und sein Wüten war vergeblich, berührte mich nicht. Ich hörte ihn nicht, verstand nicht, was er schrie, mein nasses Gesicht war wie ein Schild. Dahinter gab es ihn nicht.

Und doch gelang es ihnen einmal, meine unsichtbare Barriere zu durchbrechen.

Damals nahm neben dem Dicken ein hübscher junger Mann mit der fahlen Hautfarbe eines unausgeschlafenen Menschen am Schreibtisch Platz. Er betrachtete mich gründlich und unverschämt. Aber es war nicht der Blick eines Mannes auf eine Frau. So betrachteten Menschen einst vielleicht eine junge Hexe, ehe sie den Scheiterhaufen in Brand setzten.

»Ich bin Sie fragen gekommen«, sagte der junge Mann langsam mit farbloser Stimme, »warum Sie prinzipiell eine falsche Nationalität angeben. Sie sind doch Jüdin, nicht?«

Ja, die bin ich. Aber warum brachte er das wie eine weitere Beschuldigung vor? Meine Mutter erwähnte einmal, sie sei zuletzt bei ihrer Hochzeit in einer Synagoge gewesen. Das war nicht gerade der glücklichste Tag ihres Lebens, und vielleicht verbitterte sie sich deshalb ein wenig gegen Gott, der ihr auch ansonsten keine besondere Gunst erwies. Ihren Töchtern ließ sie volle Freiheit, versuchte sogar, den neuen Ideen, an die sie offenbar glaubten, auf den Grund zu kommen. Niemals machte sie den Versuch, uns von Überholtem zu überzeugen. Zu Hause sprach man selten über unsere jüdische Herkunft. Sie war selbstverständlich, so wie das Zuhause in der Prager Vorstadt.

Als in Deutschland Hitler an die Macht kam, weinte meine Großmutter: »Das wird niemand von uns überleben.« Aber Prag war zu intelligent, zu fortschrittlich, Keime des Faschismus fanden hier keinen richtigen Nährboden. Gewiß, auf den Straßen und Plätzen zeigten sich Schreihälse, verschiedene Ratten krochen geschwind aus ihren Löchern. Aber man betrachtete sie vorerst nicht als ernste Gefahr.

Am Beginn des Jahres 1939 begleitete ich einen amerikanischen Journalisten in die kleine Stadt Chust im östlichsten Zipfel der Tschechoslowakei in der Karpathoukraine. Dort hatte sich eine Art Regierung mit einem Monsignore Vološín an der Spitze etabliert, mit dem phantastischen Vorhaben, die große ukrainische Republik der Sowjetunion an sich zu reißen. Dieser unwahrscheinliche Plan rief die

Aufmerksamkeit der internationalen Presse hervor. Berichterstatter aus den verschiedensten Ländern eilten in die winzige Metropole. Ich war nach dem Münchner Diktat im September 1938 arbeitslos geworden und nahm gern die Gelegenheit wahr, den Korrespondenten der amerikanischen Zeitung Baltimor Sun als Dolmetscherin zu begleiten. Das war gleichfalls ein kühnes Unternehmen, denn meine Englischkenntnisse waren damals noch recht dürftig. Dennoch brachte ich es fertig, mich dieser Aufgabe im ganzen zur Zufriedenheit des Journalisten zu entledigen. Dabei erlebte ich zum ersten Mal ein Nebeneinander des alten und eines neuzeitlichen Mittelalters.

In diesem östlichen Landstrich lebten viele Juden. Wir waren auch an einem Freitag dort und sahen am Abend die Männer vom Gottesdienst in der Synagoge zurückkehren. Schweigend stapften sie, in dunkle, lange Kaftane gehüllt, über den leicht verschneiten Ringplatz. Auf den Köpfen hatten sie runde, mit Fuchs- oder wenigstens Eichhörnchenschwänzen verbrämte Kappen. Unter den Männern gab es auch einige Knaben. Rings um sie war es still und leer. Nur ihre langen Mäntel raschelten, und irgendwo in der Ferne jaulte ein Hund.

Auf dem Gehsteig vor dem einzigen Hotel im Ort lärmte eine Gruppe junger Männer. Sie steckten in graublauen Uniformen und trugen an der linken Hüfte einen mit einem Hakenkreuz verzierten Dolch. Das war, so meldeten sie meinem Amerikaner stolz, ein Geschenk der Hitlerjugend an die frischgebackene Kampfgruppe karpathoukrainischer SS-Leute, die nach einer kleinen Insel in der ersehnten großen Ukraine den Namen Sič angenommen hatte.

Langsam schritten die Juden durch den stillen Tanz der Schneeflocken. Da pfiff etwas. Ein Junge sank zu Boden. Zwei Männer hoben ihn schnell auf und trugen ihn davon. Niemand sonst war stehengeblieben, niemand hatte auch nur einen Laut von sich gegeben. Aus der Gruppe der Sič-Leute ertönte schallendes Gelächter. Einer von ihnen schrie: »Feige Hunde!« Das konnten die jüdischen Männer nicht mehr hören. Auf dem verschneiten Platz blieben nur ein größerer Stein und ein paar Tropfen Blut.

Daran mußte ich auf einmal bei dem Verhör denken. Dem Mann mit dem unausgeschlafenen Gesicht sagte ich darüber nichts aus.

Die Angst meiner Großmutter stellte sich als berechtigt heraus. Ihre Spur verlor sich auf einem Transportlaster, die meiner Mutter in einem plombierten Eisenbahnwagen, der von der Rampe in Theresienstadt nach Osten abfuhr. Eine meiner Schwestern kam in einer Gaskammer in Łódź um, die andere, jüngere, war erst in Ravensbrück, sterben mußte sie in Birkenau. Ungezählte weitere Menschen …

»Sie haben kein Recht, mir eine solche Frage zu stellen«, sagte ich, als ich genug Atem faßte, um meine Stimme zu beherrschen. »Sie haben kein Recht, mir meine Nationalität zu bestimmen.«

Dann stockte ich. Warum erwähnte ich hier überhaupt ein Recht und noch dazu in diesem Zusammenhang.

»Wir bestimmen Ihnen Ihre Nationalität nicht«, sagte der Mann mit der farblosen Stimme und dem fahlen Gesicht, »wir präzisieren sie bloß. Sie sind Jüdin, auch wenn Sie es verschweigen.«

»Das verschweige ich nie«, sagte ich immer noch recht leise, aber doch schon fester, »selbst vor den Nazis nicht.«

»Was erlauben Sie sich …?« Der junge Mann sprang auf, seine Stimme kreischte vor Aufregung. Er lief zu meinem Metallsitz in der Ecke, erwischte mich am dünnen Sackleinenkittel und schüttelte mich. »Wie wagen Sie es, uns mit den Nazis zu vergleichen! Uns, die die Arbeiterklasse und ihre Partei auf diesen verantwortungsvollen Posten gestellt hat!«

Wieder einmal schloß ich meine Hände zur Faust. Diesmal, damit er nicht erkennen konnte, wie sie zitterten. Ich blickte in das jetzt gerötete Gesicht über mir, aber es verschwamm vor meinen Augen, und was ich sah, war nur ein milchig grauer Fleck.

Jüdinnen links, alle anderen rechts. Dieser Befehl erklang vor Jahren im französischen Internierungslager für Frauen in Rieucros, als dort eine gemischte französisch-deutsche »Kommission« eintraf. Er erklang in schneidendem Deutsch, und die meisten der Frauen konnten ihn überhaupt nicht verstehen. Als jedoch die Spanierinnen, Italienerinnen, Französinnen, Belgierinnen und Polinnen begriffen, worum es ging, klapperten Hunderte Holzpantinen über den gefrorenen Schnee, und um die Gruppe der Jüdinnen bildete sich ein Wall aus ihren mitgefangenen Gefährtinnen. Wir faßten uns an den Händen. So standen wir damals vor der Kommission.

»Seit wann sind Sie Zionistin?« Der graue Fleck nahm erneut die Gestalt eines bösen Gesichtes an. »Und setzen Sie sich. Ich habe Ihnen nicht erlaubt aufzustehen.«

»Ich war nie Zionistin.«

»Alle Juden sind Zionisten«, bemerkte er beinahe freundlich, als würde er mir die neueste wissenschaftliche Erkenntnis bekanntgeben.

»Das ist verrückt!«

Unwillkürlich fuhr ich mit beiden Händen ins Haar, vielleicht um festzustellen, ob das alles kein schlimmer Traum ist, sondern bittere Wahrheit wie die grünen Uniformen vor mir und das Gitter vor dem Fenster. War mein Haar inzwischen nicht doch schon weiß?

»Verrückt?« äffte der Mann mich nach. »Ich würde mich etwas genauer ausdrücken: verbrecherisch.«

»Er ertrug nicht einmal, daß vor ihm mein Name ausgesprochen wurde«, erzählte Ilja Ehrenburg in seinen Memoiren über den Vater eines Mädchens, das in seinen jungen Jahren ein Töchterchen von ihm auf die Welt brachte, »zu allen übrigen Sünden war ich auch noch Jude.«

Dasselbe immer und immer wieder. Ein Gespenst für kleine Kinder und große Dummköpfe. Der Jud ist schuld, in so vielen Sprachen und verschiedenen Zeiten, immer und überall. Aber hier, unter dem Vorwand eines Sozialismus?

»Na sehen Sie«, wenn der Dicke so begann, hatte er gewöhnlich seinen »mäßigen« Tag. Er lächelte, versuchte gar zu scherzen. Vielleicht hat er sich gut ausgeschlafen, überlegte ich, bekam zum Frühstück eine knusprige frische Semmel, vielleicht hat sein Sohn eine lobende Bemerkung aus der Schule gebracht, oder er selbst wurde befördert, wer weiß. »Na sehen Sie«, wiederholte er, »Sie glauben vielleicht, wir wollen Sie vernichten, aber darum geht es gar nicht, obwohl wir es natürlich könnten. Wir wollen Ihnen jedoch helfen.«

Achtung, sagte ich mir. Freundlichkeit ist an diesem Ort fast noch gefährlicher als Grobheit, sie ist glatt. Inzwischen hatte ich begriffen, daß ich in eine Maschinerie geraten war, die mit nichts etwas gemein hatte, was ich bisher kannte. Daß ich es mit Menschen zu tun hatte, die tausendmal eine längst bekannte Wahrheit wiederholen konnten – in ihrem Mund wurde sie zu Heuchelei und Lüge. Wochenlang habe ich mich mit unsinnigen Gedanken gequält, wann und wo ich etwas getan haben konnte, das vielleicht eine Berechtigung sein könnte – nein, an diesem Punkt hörte die Quälerei auf. Es gab keine Berechtigung dafür, auf einem Menschen herumzutrampeln, ihn zu demütigen, zum Lügen zu zwingen. Angeblich sogar zum Lügen im Namen der Wahrheit! Wessen Wahrheit?

Der Herr Referent hatte einen guten Tag, wenn er satt und zufrieden war oder wenn ihn jemand gelobt hatte. Einmal die Gattin, ein andermal ein Vorgesetzter. Das war natürlich am wichtigsten. Dafür lobte ihn dann wieder die Gattin, und so drehte sich alles hübsch im Kreis.

Er schnalzte, schüttelte seinen runden kleinen Finger im Ohr und sagte ganz bieder: »Ein Frauenzimmer wie Sie gibt einem ganz schön zu schaffen!«

»Weil Sie wissen, daß ich mir nichts zuschulden kommen ließ.«

Und aus war es mit seiner guten Laune. Weg war die

Freude wegen der leckeren Leberpastete auf der Frühstückssemmel, sogar auch die über das liebevoll auf Hochglanz polierte neue Sternchen auf der Schulterklappe. Der Mann fühlte sich um seinen heiligen Zorn gebracht. Und eine andere Waffe hatte er nicht.

»Psychologisch vielleicht«, murmelte er ratlos, wobei er den fremden Ausdruck vorsichtig aussprach, »aber logisch, verstehen Sie, logisch geht es nicht auf.«

»Warum?« bemächtigte ich mich schnell des Zipfelchens guten Willens, des unverhofften Augenblicks einer gewissen Aufrichtigkeit. »Was ist das für eine Logik, die um jeden Preis beweisen will, daß der Mensch von seiner Geburt an verdorben ist, und die alles Gute im Schmutz von Betrug und Lüge ertränken will? Wem soll das helfen? Mir keineswegs, und Ihnen und der Partei, auf die Sie sich berufen, hilft das schon überhaupt nicht.«

Da lief er rot an und schrie: »Mit welchem Recht wagen Sie ...«

Gewiß, mit welchem Recht wagte ich, seine neue, allem Anschein nach vielversprechende Karriere zu gefährden? Das berauschende Gefühl von Macht und Übergeordnetsein über andere – und sei es auch nur eine Nr. 2814? Tag für Tag mußte er wegen meiner Hartnäckigkeit Vorwürfe über sich ergehen lassen. Er verwöhne die Beschuldigte geradezu, gehe nicht konsequent auf den Kern der Sache ein, sei zu gutherzig mit ihr.

»Woher nehmen Sie die Courage, uns einreden zu wollen, daß Sie überzeugte Kommunistin waren? Sicher haben Sie sich dort auf den krummsten Wegen und mit den verbrecherischsten Absichten eingeschlichen.«

Ich schwieg. Auf solche Fragen und Behauptungen gab es keine Antworten.

»Ich habe Sie etwas gefragt!«

Ich schwieg weiter. Er stand vor mir und rauchte. Seine große, mit blondem Flaum bedeckte Hand öffnete und schloß sich, öffnete und schloß sich. Ich zwang mich, nicht hinzuschauen, heftete meinen Blick auf einen zitternden

Lichtfleck auf dem Fußboden. Und schwieg. War plötzlich so müde, daß ich glaubte, nie mehr etwas sagen zu können.

Der Dicke beruhigte sich allmählich. Nahm wieder seinen Platz hinter dem Schreibtisch ein, in entsprechender Entfernung von der Beschuldigten, zog irgendwelche Papiere hervor und blätterte in ihnen. Endlich fand er, was er suchte.

»Sagen Sie über die Aktivitäten sogenannter linker Intellektueller und deutscher Emigranten nach dem Münchner Abkommen aus. Aber bitte sachlich, keinen Quatsch.«

Den Klubraum des Café Metro konnte man nun nicht mehr aufsuchen, auch der kleine Saal unter der Produktenbörse war nicht mehr benutzbar. Neben den Menschen und ihrer Denkweise gerieten auch Lokale auf eine schwarze Liste. Sicher war man nirgends mehr. Der Oberkellner im Café Boulevard auf dem Wenzelsplatz flüsterte eines Abends aufgeregt: »Wollen Sie bitte schnell den Ausgang rechts benützen. Von links dringen irgendwelche sonderbaren Subjekte herein. Nur schnell. Die Rechnung begleichen Sie das nächste Mal.«

An manchen Wohnungstüren tauchten mit Kreide gemalte kleine Galgen auf, die Post brachte in Schönschrift adressierte Kuverts, aus denen ein Blatt Papier mit einem präzis gezeichneten Hakenkreuz herausfiel.

Menschen mit dürftigen Tschechischkenntnissen konnten nichts mehr von Haus zu Haus verkaufen. Jemand schlug vor ihnen entsetzt die Tür zu, Hysteriker begannen zu schreien, es gab auch Provokateure oder Verängstigte, die mit der Polizei drohten. Deutsche Emigranten umschlich ein möglicher Tod in Form von Verrat, Deserteurertum und panischer Angst.

»Panische Angst? Fahren Sie fort!«

Jawohl, schlimme Angst, die sich mit Verstand nicht unterdrücken ließ. In die Prager Straßen war der Geruch der

Münchner Bierhallen und Nürnberger Parademärsche eingebrochen. Fast noch schlimmer waren die abweisenden, auch haßerfüllten Blicke der verratenen Menschen. Im Tabakladen, wo der Emigrant seine Zigaretten zu kaufen pflegte, im Automatenbuffet, wo ihm das Mädchen an der Espressomaschine noch gestern den kleinen Schwarzen mit einem freundlichen Lächeln versüßte, im Kaffeehaus, wo man ihm die neuesten ausländischen Zeitungen aufbewahrte. All das gab es nicht mehr, verschwand im Laufe weniger Stunden. »München liegt doch in Ihrem Land? Gehen Sie mir, um Gottes willen, aus den Augen, Sie erinnern mich an unser Unglück!« Eine Oase blieb das Gebäude des Vereins bildender Künstler Mánes am rechten Moldauufer. Dort konnte man noch unbehelligt mit Freunden zusammenkommen, allerhand verabreden, vielleicht auch etwas unternehmen. Jemand setzte sich ans Klavier und spielte eine Melodie, die man anderswo nicht mehr zu hören bekam, ein anderer rezitierte Verse, die bereits der Zensur anheimgefallen waren. Hier konnte man so etwas noch wagen.

In jenen Tagen suchte mich ein Freund auf und sagte: »Wir müssen die deutschen Emigranten schnellstens aus Prag herausbekommen. Etwas Geld ist da, um Flugkarten und Visa kümmern wir uns. Die Hauptsache ist jetzt, daß sie nicht durchdrehen und keinen Unsinn machen. Kannst du uns dabei helfen?«

So kam es, daß ich mich mit den einstigen Frequentanten des Café Metro und des Bert-Brecht-Clubs einige Male in der Woche im Mánes traf. Bald betrachteten sie mich als ihre Beschützerin oder so etwas, sprachen mir Möglichkeiten zu, die weder ich noch sonst jemand hatte. Dennoch gelang es, für den einen oder anderen die notwendigen Dokumente zu beschaffen und seine Ausreise zu ermöglichen.

»Ich kann nicht abfliegen«, erklärte John Heartfield, der begreiflicherweise zu den Gefährdetsten zählte, als für ihn endlich alles Notwendige für die Ausreise nach England beisammen war. »Als ich aus meiner Wohnung verschwinden mußte, habe ich bei jemandem meinen Mantel untergebracht und kann mich jetzt um nichts in der Welt erinnern, bei wem. In den Taschen sind meine letzten Skizzen, und ohne die fliege ich nicht, das ist wohl klar.«

Zum Glück fand sich der Mantel bald. Er hing in der Garage eines Bekannten des Malers Antonín Pelc, der selbst ein guter Freund Heartfields war.

»Ich muß noch heute abfliegen«, verlangte ein Schriftsteller, der nicht zu den Bedrohtesten zählte, kategorisch. »Heute früh habe ich auf der Straße einen Gestapobeamten aus unserer Stadt gesehen. Bestimmt hat er mich erkannt, morgen kann es schon zu spät sein.«

Und das konnte wirklich geschehen. Deshalb rannten wir in das Hilfskomitee, an dessen Spitze der renommierte Literaturkritiker Professor František Xaver Šalda stand, dann wieder in den Mánes, wo die verschreckten Menschen auf gute Nachrichten warteten. In ihren Augen war so viel Verzweiflung und so viel Hoffnung, daß wir bereitwillig alles unternahmen, um ihnen zu helfen. Nicht nur aus Mitleid. Ihr neuerliches Gehetztsein war unerträglich.

»Vielleicht hätten Sie weniger Gefühl und mehr Verstand an den Tag legen sollen«, belehrte mich mein Referent, »Sie sehen ja, wohin Sie das alles gebracht hat. Aber reden Sie zur Sache, sagen Sie mehr über sich aus. Wovon haben Sie gelebt? Haben Sie die sogenannten Hilfskomitees für das Herumsitzen in den Kaffeehäusern bezahlt?«

Die AIZ wurde nach dem Münchner Diktat verboten, ich mußte wiederum Arbeit suchen, fand eine Halbtagsbeschäftigung in einem der zahlreichen Betriebe, die tschechische und jüdische Unternehmer schleunigst aus dem Grenzgebiet ins Landesinnere verlegten, tunlichst bis nach Prag, in der törichten Hoffnung, auf diese Weise dem Schlimmsten zu entgehen.

»Ich hatte in Jägerndorf (Krnov) eine Wäschefabrik«, sagte mir ein müder alter Herr, dem ich mich vorstellen kam, in seinem winzigen Büro. »Meinen Sohn habe ich nach Schweden geschickt, dort habe ich Geschäftsfreunde, könnte die Firma vielleicht in Göteborg neu eröffnen. Aber ehe ich das erledige, will ich in Prag die Agenda fortsetzen, damit das Unternehmen weiterbesteht. Ich höre, Sie waren Journalistin. Das kümmert mich nicht, mit Politik habe ich nichts zu tun. Aber ich hätte eine Arbeit gerade für Sie, wenn Sie von der Presse sind.«

Dann erklärte mir mein neuer Chef ausführlich, daß Damenwäsche in Schnitt, Material und Farbe der Mode unterliege. Wichtig sei auch die Bezeichnung der einzelnen Artikel. Und jetzt ist eine neue Zeit angebrochen, und der müsse sich die Firma anpassen.

»Was ich brauche, ist, daß Sie unsere Kollektion umbenennen, sie muß rein tschechische Namen erhalten, verstehen Sie. Als Journalistin haben Sie gewiß Phantasie, diese Arbeit wird für Sie eine Kleinigkeit sein. Sie müssen nur darauf achten, daß der Anfangsbuchstabe jedes Artikels derselbe bleibt, wegen der Evidenz, verstehen Sie.«

Und so wurde durch mein Zutun der Büstenhalter Marlene aus dem deutschen Grenzgebiet zum Büstenhalter Mariánka in Prag, den Strumpfhalter Lilli taufte ich auf Libuše um, die Schlüpfer Desdemona erhielten den einheimischen Namen Dana, lachsrote Strümpfe mußten den Namen ihrer berühmten Patronin Greta Garbo aufgeben und die schlichte Bezeichnung Gabinka annehmen. Nur das Nachthemd Eva durfte seinen paradiesischen Namen behalten.

»Welche Kontakte unterhalten Sie jetzt zu diesem Fabrikanten?« fragte der chinesische Gutsbesitzer.

»Keine. Am Tag der Besetzung Prags durch die Wehrmacht hat er sich in seinem Hotelzimmer erhängt.«

Der Dicke stand auf, machte ein paar Schritte durch den Raum, blieb dann an dem weiß getünchten Fenster stehen, von dem nur der oberste Teil durchsichtig war. Konnte ihm einfallen, wie sehr ich mich danach sehnte, wenigstens einmal hinausschauen zu können? Einen Baum zu sehen, ein Stück Rasen, eine Bank, ein vergessenes Spielzeug.

»Wenn man Ihnen so zuhört«, sinnierte mein Referent, aber in seiner Stimme schwang die übliche Abweisung, »dann klingt das alles ganz harmlos, und man könnte beinahe staunen, wieso Sie in diese Ecke dort geraten sind. Aber Sie sind schlau, reden ständig von anderen und wenig über sich.«

Er hielt inne. Vielleicht rang er mit einem unangenehmen Gedanken, vielleicht paßte der nicht in das vorgeschriebene Konzept. Ich bemühte mich, seinem listigen Blick standzuhalten, weil ich ein Fünkchen Zweifel in seinen Augen zu bemerken glaubte. Vielleicht war in dem klobigen, groben Menschen noch nicht alles verloren, vielleicht wird er eines Tages einsehen ... Oder rede ich mir das alles bloß ein, um mir Mut zu machen? Aushalten muß ich, mich nicht verwirren lassen. Sie können tausendmal sagen, daß sie die Wahrheit verteidigen, in Wirklichkeit ziehen sie sie in den Schlamm, verletzen sie ebenso wie die Menschen, die sich in ihrer Macht befinden. Kann die Wahrheit all das überleben? Die Wahrheit schon ...

Eines Tages befahl mir der Dicke mitten im Verhör nach einem Blick auf seine Armbanduhr, ich solle mir die Augen verbinden, faßte mich am Ärmel, führte mich aus seinem Büro – und ich wurde stutzig. Wir gingen nicht zum Aufzug, sondern in entgegengesetzter Richtung. Wohin? Unter meinen Füßen waren die Fliesen des Korridors, ringsum Stille. Nach einer Weile blieben wir stehen. Der Referent stieß eine Tür auf.

Kaffeeduft umwehte mich. Unwillkürlich öffnete ich den Mund und atmete den so lange entbehrten und einst so selbstverständlichen Geruch ein. Plötzlich war alles da. Mein Zimmer in der Redaktion, der Geruch von Druckerschwärze, Telefon, Zigarette, Kaffee. Oder: mein Schreibtisch zu Hause, die kleine Tasse mit dem blauen Rand, meine Stehlampe, der Lehnstuhl, mein Papierblock, die leise Musik aus dem Rundfunk und die Nähe geliebter Menschen.

»Nehmen Sie das Zeug von den Augen.«

Ich war zurück in der gräßlichen Gegenwart, stand in einem Büroraum, den ich noch nicht kannte. Auf dem Fußboden ein Teppich, an der Wand ein aufdringlich buntes Bild. Hinter einem Schreibtisch eine junge Frau in tadellos gebügelter Uniform. Sie betrachtete mich mit unverschämter Neugier.

»Bleiben Sie stehen!« Mein Referent schritt auf die große glänzende Tür vor uns zu, klopfte an und verschwand, kam jedoch gleich wieder zurück und befahl: »Kommen Sie!«

Zuerst fielen mir die Vorhänge auf, ich hatte schon lange keine gesehen. Aber auch hier gönnte man mir keinen Blick ins Freie. Dann nahm ich die große Landkarte an der gegenüberliegenden Wand zur Kenntnis, den Teppich, den mächtigen Schreibtisch mit einem hohen Aktenstoß. Dort saß ein Mann von kleinerer Gestalt, in Uniform mit reichlichem Gold auf den Schulterklappen. Er war unbestimmten Alters und hatte ein hartes Gesicht. Seine Augen, die Bewegung, mit der er die Zigarette zum Mund führte, alles an ihm war schroff.

Habe ich den schon einmal gesehen? Ausgeschlossen. Oder doch? Ich erschrak. Der haßt mich ja. Warum haßt mich dieser unbekannte Mensch?

Er ließ mich stehen, sprach erst nach einer Weile. Auch seine Stimme war hart. Am schlimmsten jedoch waren die Augen, wie Kieselsteine, die von einem Bach ans Ufer geschwemmt wurden. Ausgetrocknet und hart.

Ich wurde aufgefordert zu sagen, wie ich heiße und wo ich auf die Welt gekommen bin. Sagte es automatisch. Warum haßte mich dieser Mann so?

Er erhob sich und begann zu schreien. Das klang, wie wenn man mit einer Peitsche knallt. Er drohte mir. Ich versuchte, seinem Blick auszuweichen, ertrug es nicht, daß er mich mit seinen ausgetrockneten Kieseln anblickte.

»Sie sind starrköpfig«, schrie er, »um so schlimmer für

Sie. Sie wollen der Partei nicht helfen, wie wir es von Ihnen erwartet haben, Sie decken sogar den Feind. Wir werden Sie hier vermodern lassen.«

Welcher Partei? Welchen Feind?

»Denken Sie etwa, daß wir Ihr Geflunker glauben? Was wollen Sie damit erreichen? Warum sagen Sie nicht über Ihre Verbrechen aus?«

Er stützte sich mit beiden Händen auf die Tischplatte, neigte sich mir entgegen und fügte in jäh verändertem Ton hinzu: »Wir wissen freilich, warum. Ihr seid einfach alle gleich.«

»Ich weiß nicht, von wem Sie sprechen«, brachte ich hervor, wußte selbst nicht, wie. Irgend etwas setzte sich in mir in Bewegung, ließ sich nicht zurückhalten.

»Das wissen Sie sehr gut«, fuhr der Offizier mit den reichlich bestückten Schulterklappen fort und steigerte abermals seine Stimme. »Ihr gehört alle zu ein und derselben Bande, Verbrecher gröbsten Korns. Und Sie decken diese Leute, also was?«

Jetzt schwieg ich. Hatte kalte Füße und Kälte auch im Gesicht. Ich war aufgeregt, erfaßt von einer ganz unbekannten Angst. Mir war sehr kalt. Ich biß die Zähne zusammen, wollte nicht, daß sie laut klapperten.

»Sie haben mir nichts zu sagen?«

Ich schwieg. Die Zähne ließen sich nicht aufreißen. Und dann mit einemmal: »Ich kenne Sie nicht. Ich weiß nicht, wer Sie sind.«

Der Dicke, der bis dahin auf einem Sessel hinter mir gesessen hatte, sprang entsetzt auf.

»Wie Sie wünschen.« Der Mann hinter dem Schreibtisch zischte das mehr, als er es aussprach. Dann schlug er mit der Faust auf den Tisch. »Abführen!«

Nunmehr, nach all den Jahren, kann man über die damaligen Geschehnisse ganz anders denken. Die Barriere der Unberührbarkeit ist gefallen, Worte der einen und das Schweigen von anderen gewähren wenigstens eine teilweise Erklärung, wie es kam, daß vor einem halben Jahrhundert Gift in den Verstand und die Herzen der Menschen eingedrungen ist. Jetzt kann über alles gesprochen werden. Aber in der Einsamkeit einer Zelle, die keinerlei Erleichterung gestattete, in der Verwirrung, die pausenlos die Frage »Warum?« hervorrief, in dem stummen und manchmal auch lauten Aufschrei, der die schlaflosen Nächte durchschnitt – dort sind Menschen gefallen, ohne Trost und ohne Glanz. Ein einziges Schwanken, ein Riß in der eigenen Sicherheit konnte zu einem Abgrund werden, aus dem kein Weg zurückführte.

Ja, jetzt kann man alles sachlich durchdenken und neue Urteile fällen. Aber wer könnte die zahllosen quälenden Gedanken abwägen, die endlosen Stunden, all die Leben ohne ein natürliches Ende. Zerrissen, entwurzelt, weggeworfen.

Und wer kann in den Menschen neues Vertrauen erwecken?

Wiederum nur wir Menschen, versprach ich mir, wenn ich nach einer Nacht ohne Schlaf in einen Morgen ohne Sinn aufstand. Nur wir, wenn wir »den Finger auf jeden Posten« legen werden, wie Brecht so treffend in einem seiner Gedichte empfiehlt.

Die Erinnerung an ein Zitat von Brecht hinter diesen Mauern war wie ein Aufblitzen der aufgehenden Sonne.

»Hören Sie«, bemerkte der chinesische Gutsbesitzer einmal zu abendlicher Stunde, nachdem wir schon den halben Tag erfolglos Meinung gegen Meinung gesetzt hatten, »bisher ist die Rede ständig von Politik, als ob Sie nichts anderes interessiert hätte.«

»Gerade danach fragen Sie doch«, unterbrach ich ihn.

»Seien Sie still«, knurrte er. »Es muß doch bestimmt noch ganz andere Sachen gegeben haben, sozusagen neben Ihren Aktivitäten. Sie mußten doch auch einen Kerl gehabt haben.«

»Das gehört wohl nicht hierher«, verwehrte ich mich. Er wird doch nicht wagen …

»Was hierher gehört oder nicht, überlassen Sie gefälligst uns.« Seine Augen funkelten verdächtig. »Wir müssen alles über Sie wissen, können auch dieses Kapitel nicht auslassen. Und machen Sie keine Faxen, Sie sehen ja gar nicht danach aus.«

Ich hatte beinahe Schwierigkeiten, ein Lachen zu unterdrücken. Saß in Häftlingskluft aus Sackleinen, die sich aus einer respektablen Anzahl größerer Flicken zusammensetzte, auf dem Metallsitz in der Ecke, auf die Schulter fiel mir mein mit einem kunstvoll gefalteten Stück Toilettenpapier zusammengehaltenes Haar, ich war mager, nichts als Knochen und gelbliche Haut, und dieser Mensch, dieses einfältige Individuum, sagte mir: »Machen Sie keine Faxen, Sie sehen nicht danach aus!«

»Sie scheinen ja guter Laune zu sein.« Mein Referent war so verblüfft, daß er nicht einmal die Stimme hob. »Sagen Sie, aber sachlich, über Ihre verschiedenen Lieben aus. Das ist nicht zum Lachen, sondern notwendig und wichtig. Also bitte, ich höre.«

Über meine Lieben? Wie sagt man in einem Gerichtsprotokoll über die Liebe aus? Wird sich dabei das Papier und die Tinte nicht verweigern, werden sich die Tasten der Schreibmaschine nicht verhaspeln?

Soll ich hier vielleicht erzählen, daß ich einst im Zuschauerraum eines ausverkauften Theaters saß und darauf wartete, ob von der Bühne wirklich das versprochene Wort erklingen wird, ein Wort, das unter all den Menschen auf den plüschbezogenen Sitzen, in den Logen und oben auf der Galerie nur für mich bestimmt war. Das Wort, das den Souffleur erschrecken und die übrigen Schauspieler überraschen mußte, denn in der Rolle des Marquis Posa gibt es keinen Raum für ein Extempore. Und es kam. »Fünkchen«, murmelte der Marquis an einem Punkt versonnen, leise, aber sehr deutlich. Der Prinzessin Eboli hob sich empört der verschnürte Busen, und das Fünkchen im Publikum erstrahlte über das ganze Gesicht. War das die ersehnte Liebe, dieser Einbruch in die romantische Welt, in der die Theaterkunst mit ihrem Ruhm und die Anonymität eines Untergrundkämpfers einander durchdrangen?

Wie würde der Dicke so etwas protokollieren?

Es gab auch flüchtige, zarte Episoden, wie sie jedes junge Leben erfährt. Ausgelassene Augenblicke und Sommertage am Wasser, die Stille einer Schneepiste und den Zauber eines müden Abends in einer Skihütte. Es gab erhitzte Diskussionen, bei denen es mit einemmal nicht mehr darum ging, ein kompliziertes Problem zu bewältigen, sondern eher darum, dem anderen zu beweisen, daß man auf keinen Fall immer seiner Ansicht sein wollte.

Es gab eine Spur, die in das überfallene Spanien führte und dort verblutete. Übrig blieb nur ein Bündel Briefe. In einem stand der Satz: »Bis ich zurückkomme, werde ich Dir vorschlagen, was ich Dir bisher noch nicht gesagt habe. Und was für immer bleiben soll.«

In manchen Augenblicken erschien mir das Leben zu spielerisch. Ich las Romane und Gedichte, kam zutiefst berührt von einem Konzert nach Hause und war bei allem ungeduldig. Etwas fehlte mir.

Sollte ich dem Referenten eröffnen, daß ich mich nicht geirrt habe, daß wirklich eine Stunde anbrach, in der die ganze Welt in den Farben der Sonne erstrahlte? Jede Stunde nahm damals den Schimmer wunderbarer Seltenheit an, jede Zärtlichkeit war ein Bekenntnis, jedes Gespräch der unmittelbare Anteil am Leben des anderen. Die Straßen, durch die wir gingen, führten durch eine besondere, nur unsere Stadt. Die Bücher, über die wir sprachen, waren nur für uns geschrieben, die Musik, der wir gemeinsam lauschten, war nur unsere Musik, und wenn wir miteinander tanzten, spielte die Kapelle nur für uns.

Eines Tages ging ich einen schwerkranken deutschen Emigranten besuchen, dessen Frau ein Kind erwartete. Unterwegs kaufte ich einen Berg Kuchen. Die Wohnung der beiden befand sich in einem alten Haus, fast unter dem Dach. Als ich ein bißchen atemlos oben ankam, war an der

Wohnungstür unter einer altmodischen Porzellanklingel ein weißer Zettel befestigt: »S. J. ist heute früh gestorben. Ich bin weggegangen.«

Der weißliche Klingelknopf glänzte gespenstisch. Wohin ist die unglückliche Frau wohl gegangen? Wie ich an jenem Tag vor die Tür meines Liebsten kam, wußte ich nicht. Es war zum ersten Mal, daß ich da war. Er sah mein verstörtes Gesicht, nahm mir das Kuchenpaket ab und fragte nach nichts. Erst in der Nacht erzählte ich ihm, was geschehen war. Und machte mir Vorwürfe, nach dieser unmittelbaren Begegnung mit dem Tod glücklich zu sein.

»Leben kann stärker sein als der Tod«, sagte mein Freund, »man muß nur wissen, warum man lebt. Du hast dazu noch eine besondere Begabung; du lebst vollauf und hast Wärme auch für andere. Bleib so.«

Da wurde ich ruhiger, obwohl ich, was ich da hörte, nicht so ganz glauben konnte.

Von alldem sagte ich dem Ermittler natürlich kein Wort.

»Blicken Sie mich gefälligst nicht so an! Hier fallen wir auf so etwas nicht herein.« Seine Stimme zerschlug selbst Unausgesprochenes. »Ich sehe Sie nämlich so, wie Sie wirklich sind«, fuhr sie fort, »und das ist nicht gerade schön. Also rücken Sie, zum Teufel, endlich mit der Wahrheit heraus.«

Und da war ich wieder zurück auf meinem Metallsitz, hatte nur für einen Augenblick das Glück zu vergessen, wo ich war.

Und dann gab es abermals fünfeinhalb Schritte hin und fünfeinhalb Schritte her. Vom Plafond der Zelle schälte sich ein Stückchen Verputz ab. Da vermeinte ich, dort einen kleinen Bergrücken zu sehen oder einen See mit einem Segelschiff. Fünfeinhalb Schritte hin ... Eigentlich war es kein See, es war eine Straße. Eine Straße in der Stadt, die mir so oft im Traum erschien und die ich nie gesehen habe. Ein großer Platz mit durchsichtigen Häusern dort und dann noch ein Platz, und von dem begann ein Weg ins Licht.

In die Farben der Sonne.

Neben der Lücke in der Zimmerdecke gab es in meiner Zelle noch ein Kreuzchen, das jemand vielleicht mit dem Fingernagel in die Wand eingekratzt hatte, genau über der Metallplatte, auf der ich saß. Ich sah es jeden Abend, wenn ich mich auf dem Strohsack auf der Erde ausstreckte. Ein zittriges Kreuzchen, aus dem noch zittrigere Linien nach oben strebten. Sollten es Lichtstrahlen sein oder etwa Strahlen der Rettung? Wer weiß. Saß ein Geistlicher vor mir in dieser Zelle? Als ich in meiner zehnten, zwanzigsten oder dreißigsten Nacht auf das Kreuzchen blickte, schien mir, ich sähe eine Blume, dann wieder ein Tintenfaß mit einem Federkiel und noch etwas später die Nase und das Auge eines Menschen.

Fünfeinhalb Schritte hin und fünfeinhalb Schritte her, ungezählte Male. Manchmal, aber nur selten, setzte ich mich für eine Weile. Aber gleich bedrängten mich die Wände ringsum, vor allem die vor den Augen. Um mich davon zu befreien, erdachte ich allerlei Beschäftigungen. Ich sagte zum Beispiel fremde Worte auf, etwa französische, die mit einem a beginnen: amer – bitter, arbre – Baum, ami – Freund, amour – Liebe. Spanisch amor, amore italienisch, love englisch, Liebe deutsch, ljubow russisch.

Wochen vergingen, Monate. Wahrscheinlich grünten irgendwo Wiesen, blühten Bäume, reiften Kirschen, und ein erstes Sommergewitter erfrischte die glühende Stadt. Aber vielleicht wehte bereits ein rauher Wind das erste bunte Laub auf die Parkwege, und die Prager Dächer erwarteten fröstelnd den ersten Schnee. Für einen Menschen in dem düsteren Würfel ohne Fenster, dem die Augen verbunden wurden, sowie er seinen »Koffer«, wie es im Jargon der Herren Referenten hieß, verließ, hatte das alles schon seine Bedeutung verloren. Ein Tag wie der andere. Mit seiner Stille, dem Husten eines unbekannten, ungesehenen Mitmenschen, mit der aufreibenden Spannung in den Morgenstunden: Werden sie mich heute holen, wird heute etwas geschehen?

Und wenn sie kamen, war es erschöpfend und ausweglos wie schon so oft zuvor.

Als man mich eines Tages mittags wieder zurückbrachte, waren meine Hände bleischwer, auch der Kopf und das Herz drückten wie Fremdkörper in einem lebendigen Organismus. Alles tat weh, das ganze Leben war Schmerz.

Der Aufseher öffnete die Zelle. »Nehmen Sie das Zeug von den Augen.«

Jemand sprang von der Sitzklappe auf.

»Zelle 59, ein Untersuchungshäftling Nummer zweitausendeinhundertfünf.«

Ein hochgewachsenes, schlankes Mädchen. Von seinem Kopf standen an beiden Seiten zwei komische festgeflochtene Zöpfchen ab. Graue Augen mit einem abwartenden, beinahe fröhlichen Ausdruck.

Die Zellentür fiel zu. Ein Augenblick des Zögerns. Dann auf einmal, im gleichen Moment, reichten wir einander die Hand.

»Lenka.« – »Dana.«

Ich begann zu zittern, konnte mich vor Aufregung nicht einmal auf meine Stimme verlassen. So mußte einem Schiffbrüchigen zumute sein, wenn er entdeckt, daß er auf seinem Inselchen nicht allein ist.

»Du bist blaß«, sagte ich nach einer Weile, hatte wohl noch nie ein so blasses Gesicht gesehen. »Ich auch?«

»Ja.« Dana hatte eine ruhige, ausgeglichene Stimme. Ihre Augen waren mehr spöttisch als fröhlich. »Wie lange bist du schon hier?«

»Lange. Das heißt, ich weiß nicht genau, ob Wochen oder Monate. Und du?«

»Zwei Jahre.«

Mein Herz ein lebloser Gegenstand? Ach wo, es erschrak, schlug Alarm, die ganze linke Seite meines Körpers geriet in Aufruhr.

»Zwei Jahre? Hier?«

»Mit Pausen. Ich war auch anderswo. – Wollen wir uns nicht setzen, ehe sie das Mittagessen bringen? Sag, wie sieht es draußen aus? Du warst ja noch vor ganz kurzem dort.«

Zwei Jahre! Und sie redet wie ein normaler Mensch im normalen Leben.

»Weißt du, warum du da bist?«

»Zufällig ja.« Dana betrachtete mich forschend mit ihren spöttischen grauen Augen. »Ich kannte einen amerikanischen Journalisten, habe mit ihm einmal zu Mittag und einmal am Abend gegessen. Sie haben ihn geholt und auch alle seine Bekannten. Mich auch. Natürlich glaubt man mir nicht, daß ich von irgendwelchen seiner Machinationen, falls es die überhaupt gab, keine Ahnung hatte. Jedenfalls haben sie mich für objektiv schuldig erklärt, und so sitze ich subjektiv hier fest.«

Plötzlich kamen mir die Tränen. Erst läßt man mich allein beinahe zugrunde gehen und dann plötzlich dieses Mädchen, und wer weiß, wer sie ist. Ich schluchzte.

»Heul nicht«, sagte Dana tröstend, »es ist hier zwar üblich, aber wenn du nicht willst, mußt du mir nichts über dich sagen. Am Anfang kippt jeder aus den Pantinen.«

Zum Glück rumpelte es in diesem Augenblick an der Tür. Auf der Schwelle erschienen zwei Eßnäpfe. Der Aufseher schob sie mit dem Fuß in die Zelle. »Mittagessen.«

Dana sprang auf und meldete die Belegung der Zelle 59 mit zwei Untersuchungshäftlingen, nannte ihre Nummer und fügte dann ruhig hinzu: »Sag deine Nummer selbst, wir haben uns ja noch nicht richtig vorgestellt.«

Wohl zum ersten Mal nach jenem unglückseligen Freitag aß ich die lauwarme Brühe und den ganzen Inhalt des Napfes auf. Ohne mir dessen bewußt zu sein, begann in diesem Augenblick die Rückkehr eines verletzten Menschen, der ohnmächtig mit seinem ganzen Sein auf Schmerz ausgerichtet war, zurück in ein erträgliches Leben.

Selbst Eheleute verbringen miteinander nur selten vierundzwanzig Stunden in einem einzigen Raum im Ausmaß von zirka zweieinhalb mal drei Meter. Hier schliefen zwei Frauen tagaus, tagein, hier aßen sie, wuschen sich und verrichteten ihre Notdurft, hier verbrachten wir Tage und Wochen, Wochen und Monate, immer und immer zusammen.

Ich glaube, ich hatte Glück, daß man mir als »meine Zweite« diese Dana zugeteilt hat. Weshalb gerade sie, wußte und weiß ich bis heute nicht, habe nie danach geforscht und werde es auch niemals tun. Sie hielt zu mir und half mir in meinem Elend. Das war und bleibt für mich entscheidend.

»Hast du nie daran gedacht, daß sie mit einem Auftrag zu dir in die Zelle gesteckt wurde?« haben mich später verschiedene Menschen erstaunt gefragt.

Ich habe, vielleicht naiv, in der Tat nicht daran gedacht. Im übrigen hätte sie ja denselben Verdacht mir gegenüber haben können. Wir waren zwei von Obrigkeiten gequälte Frauen, fanden spontan und beinahe gleich von der ersten Stunde einen warmen menschlichen Kontakt zueinander – nur wer jemals in ähnlicher Notlage war, kann ermessen, was das bedeutete.

Danas Vater war Bergmann, die Mutter Lehrerin. Sie hatte sich in den stattlichen Václav verliebt und heiratete ihn. Die beiden lebten gut zusammen, Dana und ihr Bruder hatten eine ruhige Kindheit. Aber nun im Gefängnis, als die Gegenwart abgebrochen und die Zukunft in unvorstellbare Ferne gerückt war, da sah Dana die Vergangenheit in einem anderen Licht. Eigentlich war ihre Mutter niemals richtig glücklich gewesen. Der Vater war ein hoch anständiger Mann und zu seiner Frau ungemein brav – aber doch nur ein Bergmann, während sie, einst ein Fräulein Lehrerin …

Mit Dana mußte es anders ausfallen. Deshalb schickte sie die Mutter auf eine Handelsschule, ließ sie Fremdsprachen studieren, vor allem Englisch, damit sie sich in der Welt zeigen konnte. In der richtigen Welt, der der Gescheiten und Geschickten. Und das war ihre Dana doch.

Der Vater? »Wie du meinst, Muttchen. – Du verstehst das besser, Mutter.«

Das stimmte auch. Die Frau Lehrerin hatte Beziehungen, verschaffte der Tochter ein Stipendium nach England.

Man stelle sich vor, welche Möglichkeiten das Mädchen dort haben wird.

»Und ist es dir gut gegangen, Dana, hat es dir in London gefallen?«

Nur wenige Tage haben wir einander ein wenig zurückhaltend beobachtet und uns dann schnell angefreundet. Ich gewöhnte mich erleichtert an die Anwesenheit eines anderen Menschen und freute mich immer mehr darüber, ließ keinen Schimmer Mißtrauen in mir aufkommen. Und Dana, so schien mir, zerbrach sich anscheinend auch nicht den Kopf, warum man sie ausgerechnet zu mir gesteckt hatte. Schon an einem der ersten Abende sagte sie in Richtung Tür:

»Mit denen dort draußen und ihren Anschauungen habe ich nichts gemein, das sollst du wissen. Ich bin nicht irgendwie besonders dagegen, aber entschieden nicht dafür.«

»Bei mir es das komplizierter«, antwortete ich aufrichtig, »weitaus komplizierter. Nichts kann ich verstehen, kann mir nichts erklären, ich weiß überhaupt nicht, was ich denken soll. In mir ist alles zusammengestürzt, und ich habe ein gräßliches Chaos im Kopf.«

»Du liebe Zeit!« Dana riß die Augen auf. »Jetzt holen sie auch schon solche? – Na warte, warte.« Als sie sah, daß ich zusammenzuckte, wechselte sie gleich den Ton. »Wir wollen darüber nicht mehr reden. Die Hauptsache ist, daß wir einander nichts vormachen.«

So war es gut und brachte uns einander näher als der enge Raum, den man uns zugeteilt hatte.

Am Morgen mußten wir um fünf Uhr dreißig aufstehen, und erst um einundzwanzig Uhr dreißig durften wir uns am Abend hinlegen. Unsere Tage zählten sechzehn lange Stunden. Das belastende Nichtstun hatte belastende Müdigkeit zur Folge. Die Zelle war ungenügend gelüftet, nur mit zwei schmalen, mit Metall beschlagenen Klappsitzen ausgestattet, und eine kaum größere Platte diente als Eßtisch. Am Tag wurden unsere beiden Strohsäcke an die Wand geklappt, nachts die Sitze und das sogenannte Tischchen. Die Zelle war so klein, daß diese ganze Einrichtung gar nicht auf einmal von der Wand gelassen werden konnte.

In einer Ecke befand sich ein türkischer Abtritt, über dem wir uns auch wuschen. Zum Trinken gab es einen Papierbecher, in dem man Wasser auffangen konnte, wenn man mit einem Fuß auf dem Abtritt stand und mit dem anderen auf einem Drücker unmittelbar darüber. Das war beinahe ein Akrobatenstückchen. Außer diesem Pappbecher und der täglichen Brotration durfte nichts in der Zelle sein. Auch die grundlegendsten hygienischen Bedarfsgegenstände mußten jedesmal von der Wache angefordert werden, die sie einem übergab – drei Blatt Toilettenpapier pro Tag – oder auch nicht. Je nach ihrer Stimmung.

Meistens waren wir unausgeschlafen. Wenn man auf dem Strohsack lag, leuchtete einem die Glühbirne an der gegenüberliegenden Wand die ganze Nacht direkt in die Augen. Zum Glück war sie trüb. Übrigens gab es in diesen Stunden in der Abteilung mehr Lärm als tagsüber. Schlafende, die nicht vorschriftsmäßig lagen, weckte die Wache mit kräftigem Gepolter an der Zellentür und lauten Kommandos. Die Gefängnisordnung verlangte nämlich, daß die Untersuchungshäftlinge die Arme beim Schlafen bis zur Ellbogenhöhe über der dünnen Decke haben mußten, das Gesicht zur Tür gekehrt, damit man es durch das Guckloch immerzu sehen konnte. Das sei im eigenen Interesse der Häftlinge, wurde oft betont, damit sie sich in einem plötzlichen Anfall von Kleinmut nichts antaten. Aber die Schlafenden wälzten sich ständig durchaus undiszipliniert. Wer weiß, welche Träume sie hatten! Zweifellos war es die Kälte, die sie dazu bewegte, die Hände unter die Decke zu stecken. Und so erklang es laufend vom Korridor: »Die Hände! Zum Teufel, soll ich Ihnen helfen kommen?« Oder die Aufseher schlugen einfach an die Metalltür. Das dröhnte im ganzen Korridor, und wenn es einem endlich gelang einzuschlafen, überfiel jemanden ein Hustenanfall, jemand anderer brach zusammen, schluchzte, schrie, die Wache holte telefonisch den diensthabenden Kommandanten, neuer Lärm, neues Geschrei.

Am Morgen war man unausgeschlafen, je nach der Jahreszeit durchfroren oder durchschwitzt und entkräftet. Ohne es irgendwie ausgemacht zu haben, taten Dana und ich alles, um auch unter diesen Umständen wie Menschen weiterleben zu können. Wir rieben uns mit dem eiskalten Wasser ab, turnten früh und abends, den gegebenen Raumverhältnissen entsprechend, und füllten die endlosen Stunden mit verschiedenartigster Beschäftigung.

Ich lehrte Dana französische Vokabeln, sie brachte mir weitaus wichtigere Dinge bei. Sie befreite mich aus dem unnatürlichen Zustand ergebnisloser Grübelei und half mir, ohne sich dessen bewußt zu sein, mein Selbstvertrauen zurückzugewinnen.

»Mit dir haben sie wahrscheinlich eine prächtige Eselei begangen«, erklärte sie eines Tages. »Das gibt eine Blamage ersten Ranges.«

»Und wenn ich, ohne es zu wissen, irgendwo wirklich einen fatalen Fehler gemacht habe?« wandte ich ein. »Man deutet mir ständig etwas an, ich habe allerdings keine Ahnung, worauf sie zielen. Es kann doch nicht sein, daß nur so, für nichts und wieder nichts, die Hölle los ist.«

»Du gehst mir allmählich auf die Nerven, meine Gute«, wies mich Dana zurecht. »In deiner Position, du hast doch zu ihrer famosen Partei gehört, würde mich ein solcher Zorn beuteln, daß ihnen die Luft ausgehen würde.«

Für derartige Worte war ich dankbar.

Ein andermal erteilte mir Dana praktische Ratschläge: »In der Zelle darfst du nie heulen, nur beim Verhör. Hier bringt es dich bloß um deine Kräfte, dort kann es mitunter nützen.«

Da mußte ich lachen und stellte dabei fest, daß ich das noch ganz gut fertigbrachte. Ich bekam auch wieder Appetit, konnte sogar abends einschlafen und erklärte in der Frühe laut: »Guten Morgen, heute ist Mittwoch (oder Donnerstag), der 15. (oder 16.) September.« Und sagte es mit dem guten Gefühl, daß mich jemand hört, daß ich es nicht mehr nur mir selbst mitteilte.

Wir schwatzten stundenlang, erzählten einander, was uns gerade einfiel. Etwa einen Film, den wir einmal gesehen hatten, oder den Inhalt eines Buches. Solche Ausbrüche aus dem Gefangenendasein nannten wir »geistige Lüftung«. Manchmal summten wir ganz leise eine Melodie vor uns hin, mitunter brachen wir, meistens grundlos, in lautes Lachen aus. Das erboste die Wachen im Korridor.

»Wo glaubt ihr, daß ihr seid? Hier ist kein Zirkus, hier muß Ordnung sein. Ich werde euch beim Rapport melden.«

»Du bringst mich noch um den Rest meines Verstandes«, kicherte Dana, »ausgerechnet im Knast lerne ich eine Kommunistin kennen, die ein ganz prima Frauenzimmer ist.«

»Kommunisten im Knast sind nichts Außergewöhnliches, obwohl ...«, und ich stockte, hatte plötzlich keinen festen Boden unter den Füßen. Alle meine bisherigen Gewißheiten waren zusammengebrochen, stimmten nicht mehr. Vor meinen Augen dunkelte es.

»Eigentlich habe ich Kommunisten nur aus der Zeitung gekannt«, fuhr Dana fort, »und konnte mir solche Menschen nie in Wirklichkeit vorstellen. Makellos, arbeitsbesessen und von Geburt an Helden. Kannst du mir das erklären? Aber so, wie du mir gestern von den Interbrigadisten im Spanischen Bürgerkrieg erzählt hast, unser ›Geschichtsbuch‹, Kapitel 17, Abschnitt 2814.«

Das war so ein Spiel. Als »Geschichtsbuch« bezeichneten wir Erzählen über unser bisheriges Leben. Kapitel 17 war vertraulich, nur uns beiden zugänglich, und der betreffende Abschnitt trug stets die Häftlingsnummer der Erzählenden. Es gab auch Spielregeln, die uns ermöglichen sollten, uns von dem Ort, an den wir gefesselt waren, tunlichst loszulösen. Deshalb gaben wir Begebenheiten den Vorrang, die in einem fremden Land stattfanden, und sie sollten auch mit möglichst vielen Einzelheiten geschildert werden.

Miteinander sprechen durften wir, dennoch kam es vor,

daß ein Aufseher plötzlich die Zelle aufschloß und schrie: »Was flüstert ihr da die ganze Zeit?«

»Zelle Nummer 59, besetzt mit zwei Untersuchungshäftlingen, Nummer 2105 und 2814. Wir flüstern nicht, wir sprechen miteinander. Sollen wir das lauter tun?«

Rrrum! Die Tür krachte ins Schloß, und eine Zeitlang hatten wir dann Ruhe.

»Stell dir Paris vor, in den ersten Herbsttagen 1939«, begann ich, als wieder einmal die Reihe des Erzählens an mir war. »Warst du einmal in Paris, Dana? Ja? Und erinnerst du dich an die Mischung von Gerüchen und Geräuschen? Und an den violetten Abendhimmel, der vielleicht deshalb so durchsichtig ist, damit er alle Schornsteine, auch die winzigsten, und alle Dächer und Dächlein und Kirchtürme umfassen kann. Damals, als der Krieg schon beinahe über uns hereingebrochen war, schien mir alles besonders unglaublich zu sein. Etwa, daß ich durch dieselben Straßen lief, durch die einst Balzac spazierte und nach ihm Flaubert und Anatole France. Chopin und Heine lebten hier in der Emigration – und jetzt waren es wir. Vor uns deutsche Flüchtlinge, dann die von Hitler annektierten Österreicher, die besiegten republikanischen Spanier, bis schließlich auch an uns, die Tschechoslowaken, die Reihe kam. Der Herbst war wie aus Glas. Die Seine, die Sonne, die Farben, das Licht. Ich wohnte in einem kleinen Hotel gleich unter dem Dach, und vor meinem Fenster schimmerte der Himmel wie eine riesige Glaskuppel. Hätte sie jemand berühren können, hätte sie bestimmt einen hellen Ton von sich gegeben, wie die Saite einer Gitarre.«

War das die Farbe der Sonne oder gar ihre Stimme?

»Von einem guten Freund, der inzwischen zu Hause im illegalen Widerstand untergetaucht war, bestellte mir ein Neuankömmling, ich solle mich in Paris gründlich umschauen, und ob ich schon im Louvre und im Carnet, dem Revolutionsmuseum, gewesen sei. Revolutionsmuseum klingt ein wenig hochtrabend, in Wirklichkeit ist das Carnet ein ganz eigenartiges Geschichtsmuseum. Hier gab es die sonderbarsten Exponate. Eine emaillierte Pfeife, einen rauchgeschwärzten, ziemlich abgegriffenen Revolver, unwahrscheinlich kleine Ballettschuhe, in denen eine gewisse Blanche tagelang für die Kommune gekämpft haben soll.

Manchmal ging ich in früher Abendstunde zur Seine hinab, bis zum Wasser, und lief dann dort entlang. Was gab es hier nicht alles zu sehen! Schweigsame Fischer, Liebespaare, einen Clochard, der gerade seine Füße im Fluß wusch. Einen kleinen Jungen, einen Wachmann, eine Mutter mit Kinderwagen, eine Katze, Kartenspieler. Einen müden Menschen, eine Gruppe geschwätziger Mädchen, einen Kahn mit einer Ladung Sand, eine betrunkene Frau. Und über alldem hoch oben der schimmernde Pariser Abendhimmel. Erst wie von Rauch angehaucht, dann allmählich rosa, ehe er im aufsteigenden Blau zum Schlaf rüstete. – Soll ich noch fortfahren, Dana?«

»Ja doch. So schön weg waren wir schon lange nicht.«

»Der Krieg brach aus, die Männer wurden eingezogen, um die Bahnhöfe standen weinende Frauen, und im Jardin du Luxembourg erwuchs zwischen dem Kinderspielplatz und dem Café Closeries du Lilas, wo Alfred de Musset seine ›Kameliendame‹ geschrieben haben soll, ein niedriger Wall aus Sandsäcken zum Schutz gegen Luftangriffe. Eines Tages, so gegen Mittag, ging ich über die Champs Elysées und mit mir war Marie, eine Lehrerin aus Böhmisch Budweis, eine nervöse, kränkliche Frau.

Auf einmal: Tsss! Als ob jemand aus Versehen auf eine Knallkapsel getreten wäre. Und abermals: Pfff, pfff! Auf der blauen Himmelskuppel zeigten sich weißliche Rauchpuffer.

Da heulten auch schon die Sirenen. Die Menschen liefen in die nächststehenden Häuser mit der Aufschrift ABRI (Luftschutzkeller). Marie erblaßte. Ich hielt ihre Hand und fühlte, wie ihr das Atmen schwerfiel.

›Das ist nichts, Marie, nur ein Probealarm.‹

Ich schleppte sie in den Keller eines Bankpalais auf der

anderen Seite der Fahrbahn. Dort drängten sich schon viele Menschen. Verschreckt erwarteten sie jeden Augenblick eine Katastrophe. Der Krieg währte erst eine Woche, sie hatten sich noch nicht an ihn gewöhnt. Als die Concierge einen Kübel Wasser brachte, dem sie laut Vorschrift das beißend riechende Desinfektionsmittel Javel beigefügt hatte, genügte der panische Aufschrei einer Frau: ›Gas!‹, und sogleich brachen zwei Menschen ohnmächtig zusammen. Auch Marie schwankte und fiel beinahe um.

Einige Minuten später war alles vorbei. Wir kehrten auf die Straße zurück, nichts hatte sich dort verändert, offenbar war es wirklich nur ein Probealarm.

In der U-Bahn begegneten wir einem Studenten, der erst vor einigen Tagen aus Prag eingetroffen war. Er strahlte über sein ganzes Gesicht. ›Ich bin glücklich, daß es endlich Krieg gibt!‹ stieß er nach kurzer Begrüßung hervor. ›Jetzt werden wir losgehen und uns bis nach Prag durchschlagen. Die verheulten Weiber um die hiesigen Bahnhöfe sind mir einfach zuwider.‹

All das sagte er in dem von den noch verstörten Frauen und Kindern vollgepferchten Wagen.

›Sie sollten sich schämen‹, bemerkte Marie leise.

›Schämen?‹ Der Student riß seine großen hellen Augen auf.

›Krieg kann nie ein Glück sein‹, meinte ich, ›und nach Hause werden wir auf jeden Fall zurückkehren.‹

Darauf entgegnete er trotzig wie ein kleiner Junge: ›Mir kommt dieser Krieg gelegen. Vielleicht, weil mein Vater Offizier ist.‹

Zwei Jahre später ist dieser junge Prager als Flieger der tschechoslowakischen Auslandsarmee über dem Kanal La Manche gefallen.«

Wir trabten von einer Ecke in die andere, Dana hörte mir sehr aufmerksam zu. Plötzlich blieb sie stehen.

»Und dein Kommunismus? Ihr wart angeblich am Anfang gegen diesen Krieg.«

»Gegen Krieg als solchen war und bin ich immer. Aber wenn man überfallen wird, muß man sich wehren, da gibt es für mich nichts zu diskutieren. Wenn hier beim Verhör von solchen Problemen die Rede ist, begreife ich überhaupt nicht, was sie von mir wollen. Mit dem Kommunismus, so wie ich ihn zu verstehen glaubte, hat das nichts mehr zu tun. Brecht sagte einmal, er ist das Einfache, das schwer zu machen ist.«

»Das Einfache?«

»Na ja. Arbeit für alle Menschen, für alle genug zum Essen und Anziehen, für Gerechtigkeit eintreten, Menschen den Vorrang vor Geld geben, überhaupt den Vorrang vor allem anderen. Das schien mir das Einfache zu sein.«

»So? Obwohl doch …«

»Obwohl es schwer zu machen ist und wahrscheinlich überhaupt nicht.«

»Wein nicht«, sagte Dana und blickte mir mitleidig in die trockenen Augen. »So in sich hinein, das ist am schlimmsten. Hier kann doch kein Mensch etwas verstehen.«

Hinter unserer Zellentür ließen sich die regelmäßigen Schritte der Aufseher vernehmen. Ganz in der Nähe schlug eine Turmuhr viermal an. Ich stand unter dem Lüftungsschlitz an der Wand und schwieg. Jetzt kehren die Menschen von der Arbeit zurück, zog es mir durch den Sinn. Volle Straßen, überfüllte Verkehrsmittel. Jemand eilt zu einer Verabredung und freut sich auf sie. Mütter führen ihre Kinder an der Hand nach Hause. Ich bin auch eine Mutter. Und in diesem »Koffer« bei weitem nicht die einzige. Da ist nichts zu verstehen, da ist nichts mehr zu machen.

Nicht an das Kind denken. Am besten überhaupt nicht denken. Wohin versanken die Farben der Sonne?

Menschen im Gefängnis, eingemauert zwischen vier Wänden, durchleben ihre Vergangenheit mit besonderer Intensität, in allen ihren Schattierungen, mit all ihren Farben, Klängen und Gerüchen. Das gibt es nur, wenn man gezwungen wird, ohne ein Heute zu leben.

Dana sprach bald über meine Freunde, als ob es auch die ihren gewesen wären. Sie nannte sie beim Namen, manche waren ihr sympathisch, andere nicht. Sie übernahm von mir auch das Märchen von dem chinesischen Mädchen mit dem weißen Haar und meldete mir bei der Rückkehr vom Verhör: »Heute war der Gutsbesitzer ein richtiger Wüterich«, oder ein andermal: »So ein einfältiger Dorfbewohner ist eine Katastrophe und zugleich wahnsinnig komisch.«

Einmal sagte sie mir: »Wenn ich dir so zuhöre, habe ich beinahe das Gefühl, als ob ich irgendwo am Rande gelebt hätte. Das wäre mir früher nie eingefallen, ich habe auch noch nie so viel über das Leben nachgedacht. Es plätscherte einfach so dahin, manchmal holpriger, dann wieder besser. Verschiedenes möchte ich jetzt nachholen. Hoffentlich werden sie mich nicht zu lange hierbehalten.«

Der schlimmste Tag in der Woche war für uns der Sonntag. Wenn wir, wie an jedem Morgen, um 5 Uhr 30 mit schrillem Geläute geweckt wurden, standen wir in dem Bewußtsein auf, daß bis zum nächsten fernen Morgen überhaupt nichts geschehen wird. Kein Verhör, keine Dusche oder ein Besuch beim Zahnarzt, wiewohl nichts davon gerade angenehm war. Zur Dusche wurden wir von jungen Aufseherinnen eskortiert, die waren schnippisch und fast ausnahmslos grob. Es machte ihnen Spaß, uns unter zu heißes Wasser zu kommandieren oder unter ganz kaltes. Manchmal stellten sie den Zufluß ab, wenn wir noch eingeseift waren, oder sie ordneten die Rückkehr in die Zelle an, ehe wir uns richtig abtrocknen konnten. Auch zum Zahnarzt wurden wir mit verbundenen Augen geführt. Nur dem Geruch nach erkannte man, daß man in den Warteraum der Ambulanz geschoben wurde. Der Aufseher führte einen am Ärmel in die Ordination, man wurde mit den Händen an den Stuhl gefesselt, und erst dann wurde das Handtuch von den Augen entfernt. Der Patient konnte seinen Mund weder spülen noch abtrocknen. Wehrlos war er allen Prozeduren ausgesetzt und auf die Anständigkeit des Arztes angewiesen oder seiner Rücksichtslosigkeit ausgeliefert.

Dennoch war all das Bewegung, die Zeit stand nicht still, etwas geschah. Zu jedem Verhör ging man in der Erwartung, es könnte vielleicht das letzte sein. Ich konnte mich nicht der törichten Hoffnung erwehren, alles sei endlich geklärt worden, man werde mir das heute eröffnen. Zu alldem sehnte ich mich in dem »sozialistischen« Gefängnis geradezu in das »bürgerliche« im Kriegs-Paris zurück. Das an sich war niederschmetternd. Und wie lange konnte ich aus der menschlichen Gemeinschaft lückenlos ausgestoßen leben? Ich bekam nur die Referenten, die Aufseher und Dana zu Gesicht, hatte keinen Rechtsbeistand, war seit Wochen und Monaten keine Minute an frischer Luft – in Paris gab es jeden Tag einen Ausgang. Zu Hause hatte ich einen Mann und ein Kind. Hatte ich sie überhaupt noch? Nur ganz selten ließ ich solche Verzweiflung in mir aufkommen, nur in völlig erschöpftem Zustand, wenn mich das Phantom der Konturlosigkeit würgte.

Nur wenn die Farben der Nacht über mich hereinbrachen.

Der erste menschliche Laut, den ich in solcher Stunde vernahm – es konnte der zornige Schrei eines Gefangenen sein, aber auch ein Zuruf von irgendwo draußen –, brachte mich zwar zurück in die harte Wirklichkeit, entzündete aber zugleich in mir ein flackerndes Flämmchen Hoffnung: Du hast doch schon allerhand überstanden, versuch es auch diesmal. Du hast doch Mitmenschen, hast einen Mann und ein Kind. Zu ihnen gehörst du, sie haben ein Anrecht auf dich. Diese hier nicht.

Und dann konnte ich wieder atmen und an mein kleines Mädchen denken. Dann waren sie allmählich auch wieder da, die Farben der Sonne.

Meinen chinesischen Gutsbesitzer bekam ich nur mehr selten zu Gesicht. Kurz nachdem ich dem Mann mit den goldenen Schulterklappen vorgeführt worden war, wurde mir ein anderer Referent zugeteilt. Vielleicht hatte der Dicke seine Vorgesetzten enttäuscht, weil er aus Nr. 2814 kein Geständnis herausgeholt hat. Vielleicht gehörte ein

Personenwechsel in gewissen Zeitabständen zur Routine der Untersuchung, damit kein persönlicher Kontakt die streng amtliche Beziehung behindert. Wer konnte wissen, wie das Ganze hier funktionierte.

Das »Prachtexemplar«, wie Dana meinen neuen Referenten aufgrund meiner Schilderung benannte, war ein schlanker Jüngling in tadellos sitzender Uniform, ebenso jung und selbstbewußt wie unerfahren und zynisch. Er war sehr jung.

»Sie gehen fehl, wenn Sie glauben, daß Sie für uns wichtig sind«, war eine seiner beliebten Redensarten, »wir können Sie hier ruhig verfaulen lassen, das hängt ganz von Ihnen ab.« Oder ein andermal: »Draußen weiß schon jeder, wer Sie in Wirklichkeit sind. Wenn wir Sie jetzt laufenließen, wäre das für Sie durchaus kein Spaß.« Und schließlich: »Begreifen Sie doch endlich, daß es von hier nur einen einzigen Weg gibt: vor das Gericht. Aber den müssen Sie sich mit einem vollen Geständnis verdienen.«

»Und was soll ich gestehen? Nennen Sie mir doch meine Verbrechen.«

»Das würde Ihnen so passen. Als ob Sie nicht wüßten, daß Sie sich im Westen herumgetrieben haben, Zionistin sind und mit den verschiedensten Individuen in Kontakt waren. Es muß auch kein Zufall sein, daß Sie einen Jugoslawen geheiratet haben, der als Emigrant in Mexiko ein Buch über den angeblichen Partisanenheld Tito verfaßt hat. Nichts davon können Sie leugnen, und wir warten einfach, bis Sie es gestehen. Wie lange das noch dauern wird, hängt ganz von Ihnen ab. Wir haben genug Zeit.«

Als ich einmal nachts nach einem wie üblich stundenlangen Verhör zur schlafenden Dana in die Zelle zurückgebracht wurde, fiel mir plötzlich ein, daß man mit ihr anscheinend anders, erträglicher umging als mit mir. Warum? Weil sie schon einmal verurteilt worden war und man jetzt einen »zweiten Fall« untersuchte? Das war ihre Auslegung. Logisch war das eigentlich nicht, aber logisch war hier schließlich gar nichts. Als man sie vor zwei Tagen nach einem Verhör in die Zelle schob, platzte sie los:

»Stell dir vor, sie haben mich hinaufgebracht, ich tue das Ding von den Augen, der Herr Referent setzt sich an den Tisch, holt zwei Semmeln hervor und eine Leberpastete und beginnt zu futtern. Mir krochen die Augen aus den Höhlen. Ich hatte schon ganz vergessen, wie so eine Pastete duftet. Plötzlich hört der Mensch zu schmatzen auf, guckt mich an und fragt, ob ich auch einen Bissen haben möchte. Na, das war eine Frage! Dann hat er eine Semmel bestrichen und dann noch eine, hatte im Tisch einen richtigen Vorrat. Schmeckte toll. Als wir fertig waren, hat er sein Taschenmesser an einem Blatt Papier gereinigt und feierlich erklärt: ›Jetzt haben wir zusammen ganze 50 Kronen verfuttert.‹«

Ich lachte ein wenig verkrampft. Dana bekam auch Bücher in die Zelle, durfte von Zeit zu Zeit Proviantpakete erhalten, und als sie eines Tages um einen Pullover aus ihren Sachen ansuchte, wurde ihr der bewilligt.

Ich fror. Das Hemd und die lange Männerunterhose, zu groß und schlotternd, wärmten nicht, ebensowenig wie die Hose und Jacke aus Sackleinen mit Flicken wie beim Kostüm eines Clowns. In den Filzpantoffeln, in denen der Geruch und die Deformationen wer weiß wie vieler Vorgänger hafteten, bedeckten sich Zehen und Knöchel mit Frostbeulen und entzündeten Abschürfungen. Socken wurden mir nicht bewilligt. Als ich fragte, warum ich nicht lesen durfte, amüsierte das meinen Referenten überaus. »Am besten marxistische Theorie, nicht? Damit Sie lernen, wie Sie unsere Fragen am besten parieren können. Das würde Ihnen so passen!« Danach suchte ich um nichts mehr an.

Mein »Prachtexemplar« ertrug ich nur mit großer Mühe. Dieser Jüngling war ein durchaus selbstsicherer chinesischer Gutsbesitzersohn, faschistisch angehaucht trotz kommunistischer Phraseologie.

»Glaubst du noch immer, daß der Kommunismus etwas Gutes ist?« fragte Dana nach einer Nacht, in der man mich dreimal geweckt, dreimal zum Aufzug geführt und dreimal von dort wieder in die Zelle zurückgebracht hatte.

Ich war keines Wortes fähig. Was hier vor sich ging, war die abscheuliche Praxis skrupelloser Diktatur. Ich konnte diese Tatsache nur angstvoll und entsetzt zur Kenntnis nehmen, blickte meine Zellengefährtin ratlos und stumm an.

Dana schob mir einen Bissen Käse aus ihrem Paket in den Mund und fügte dann, noch ein bißchen zögernd, hinzu:

»Weißt du, daß hier genau vermerkt wird, wer Jude ist?«

»Ja, das weiß ich natürlich.«

»Na siehst du. Und sie sind doch auch Kommunisten.«

»Sind sie nicht, selbst wenn sie es behaupten.«

»Da soll sich einer auskennen?« Dana schüttelte den Kopf mit den abstehenden Zöpfchen, kramte aus ihrem Paket eine Büchse süßer Kondensmilch hervor, mit der wir unsere Brotscheibe betröpfelten.

»Nimm ordentlich, damit du mir nicht umkippst.«

Meine Plage mit dem Prachtexemplar wurde immer schlimmer. »Sie glauben mit uns spielen zu können«, erklärte er einmal mit einem bösen Lächeln auf dem hübschen Gesicht, »und wollen nicht begreifen, daß das zu nichts führt. Wir wissen ja alles, z. B. wen Sie gekannt und mit wem Sie verkehrt haben. Das allein genügt. Lauter Feinde gröbsten Kalibers.«

»Wessen Feinde?« wandte ich ein.

Er starrte mich an, knallte einen Stoß Papier auf den Tisch und ließ mich abführen.

Schon im Korridor auf dem Weg zum Aufzug fühlte ich mich im Geist tröstlich von Menschen umgeben, mit denen ich »verkehrt« hatte, die mir nahestanden und die ihr Leben anders nutzten als der hochnäsige und nichtswissende Referent.

Wann ich Marie Vobecká zum ersten Mal begegnet bin, weiß ich nicht mehr, ich erinnere mich jedoch bis heute, daß sie einen etwas formlosen schwarzen Hut auf dem Kopf hatte. Er schien mir ein wenig im Widerspruch zu ihrem breiten, freundlichen Gesicht zu stehen. Diese Frau, dachte ich, sollte nichts an sich haben, das einen direkten Blick in ihre hellen, klaren Augen behindert. Warum dieser Hut? Es mußten viele Jahre in meinem Leben und nach ihrem Tod vergehen, ehe ich eines Tages ganz unverhofft vor einem Foto Maries aus ihrer Jugendzeit stand und staunte, wie hübsch sie doch war. Ihr František hatte gut gewählt, als er die kaum Vierundzwanzigjährige heiratete.

In den dreißiger Jahren war die Vobecká in Prag ein fester Begriff. Von ihr wußten die Arbeiterfrauen in den Elendsvierteln ebenso wie Schriftstellerinnen, Journalisten und vor allem die jungen Leute der fortschrittlichen Intelligenz. Zusammenarbeit mit ihr kam einer Entscheidung für soziale Gerechtigkeit gleich. Im benachbarten Deutschland regierte der Faschismus, dem mit allen Mitteln das Eindringen über unsere Grenze verwehrt werden mußte. Dazu gehörte auch die Zusammenarbeit mit Marie Vobecká. Ihre beinahe majestätische Figur kannten nicht nur die Kinder Prager Arbeitsloser, sondern – und vielleicht die vor allem – auch die Kinder arbeitsloser deutscher Mitbürger im Grenzgebiet der Republik. Wenn Marie ihren sonderbaren schwarzen Hut aufsetzte und nach ihrer großen, gleichfalls schwarzen Tasche griff, war das ein Zeichen, daß sie »losging«. Das wurde von der Polizei, der Gendarmerie, aber auch der Gestapo im Dritten Reich registriert. Insbesondere aber im hungernden Erzgebirge, wo es vielen Menschen den Stoßseufzer »Endlich!« entlockte.

Wir haben die Vobecká nie gefragt, wie bei ihr alles begonnen hat. Wir wußten natürlich, daß sie eine Zeitlang kommunistische Abgeordnete war, aber mit einer solchen Funktion kommt man schließlich nicht auf die Welt. Es war nicht ihre Art, über sich zu sprechen, vielleicht weil sie mit den persönlichen Problemen der meisten ihrer Mitarbeiter vertraut war. Warum sollte sie die mit den verschiedensten Sorgen und Problemen kämpfenden Menschen auch noch mit ihren privaten Kümmernissen belasten? Und so weiß ich heute, weil ich dem nachforschte, wohl mehr über sie als damals, da wir einander fast täglich sahen.

Sie wurde am 11. 9. 1889 in Aussig a. d. Elbe geboren, hatte vier Geschwister und wäre am liebsten Lehrerin geworden. Aber das konnte ihr der Dreher Novák, Vater von fünf Kindern, nicht gewähren. So erlernte sie wie viele andere Frauen und Mädchen in ihrer Umgebung die Fertigkeit, künstliche Blumen zu binden. In ungezählten Stunden erblühten Rosen und Tulpen, Lilien und Nelken, liebevoll gewunden, in ihren Händen. Sie heiratete im Jahr 1913, aber ein Hochzeitsfoto konnte ich nicht auftreiben. Schon bald wurde sie die Seele eines Fürsorge-Kuratoriums für proletarische Kinder. Das war der Anfang, aus dem dann später auch die »Erzgebirgshilfe« entstand. Ihre Ehe blieb kinderlos, Maries Mann erkrankte schwer, konnte kaum noch sein Lager verlassen. Und so pendelte seine Frau jahrelang zwischen Aussig und Prag, neben dem schwarzen Hut war ihre beträchtlich abgewetzte Tasche getreuer Zeuge der zahllosen Fahrten. In der Morgendämmerung mit dem rüttelnden Personenzug, ein andermal mit der letzten nächtlichen Trambahn zum Bahnhof in Prag.

Wir wohnten beide in der Prager Altstadt, und so trafen wir einander oft am Morgen im Automatenbuffet in der Nähe des Pulverturms zu einem gemeinsamen Frühstück. Meistens hatten wir kaum ein Viertelstündchen Zeit für ein Glas Kakao, zwei Brötchen und einen schnellen, herzlichen und meistens auch inhaltlich konkreten Plausch.

»Ja, damit ich es nicht vergesse«, sagte Marie einmal, als wir schon im Aufbruch waren, »ich habe vorgeschlagen, daß du am 8. März, dem Internationalen Frauentag, irgendwo referieren könntest.«

»Ich, Marie?«

»Du«, wiederholte sie und sah mich unter dem schwarzen Hut wie immer freundlich, aber auch ein wenig streng an. »Im Erzgebirge hast du bei unseren Aktionen doch schon ein paarmal etwas gesagt, wovor hast du Angst?«

»Das ist doch etwas anderes. Und da warst du auch dabei. Kann ich mich denn vor Arbeitermütter hinstellen und Ihnen etwas erzählen? Ich bin doch noch zu jung.«

»Daß du jung bist, ist gut, sie sind schon müde. Über Hitler und die Lage bei uns weißt du genug, auch etwas über das Leben der Frauen im Bürgerkriegs-Spanien, also du schaffst es schon. Und jetzt los, sonst kommen wir beide zu spät zur Arbeit.«

Auf dem Weg in die Redaktion der AIZ schaute ich mir an jenem Morgen jede Frau, der ich begegnete, aufmerksam an. Könnte ich mich vor die hinstellen? Würde diese mir zuhören?

Ich habe damals im südböhmischen Hermannshütte vor Glasarbeitern und ihren Frauen zum ersten Mal in meinem Leben eine Art Referat gehalten, eher einen kleinen Vortrag. Sie haben mich angehört und mir nachher sogar eine Glasschüssel geschenkt. Meine Feuertaufe ist überraschend gut ausgefallen.

Dem »Prachtexemplar«, meinem Referenten in dem schlimmen Gefängnis, der ohnehin alles wußte, sagte ich über meine Zusammenarbeit mit der Vobecká nur sehr knapp aus. Damit wäre sie zweifellos einverstanden gewesen.

Die »Erzgebirgshilfe« gründete Marie Anfang der dreißiger Jahre. In der Zeit davor organisierte sie vor allem ärztliche Untersuchungen für Kinder Arbeitsloser im Herzen Prags, in unmittelbarer Nähe des Agnes-Klosters, wo es ein paar elende Armenstraßen gab. Wenn dort am Sonnabend vor dem Bierlokal der schwarze Hut auftauchte, den nach saurem Bier und dem Abtritt riechenden Flur durchsegelte und im Bierausschank haltmachte, wußte die ganze Umgebung: Die Vobecká ist da, etwas wird organisiert. Einmal eine ärztliche Untersuchung mit kostenlosen Medikamenten, ein andermal ein Verzeichnis der bedürftigsten Kinder für den Aufenthalt in einem Sommerlager oder die Unterbringung der schlimmsten Fälle – TBC, Rachitis – in einem Krankenhaus.

Zu solchen Unternehmungen erschien Marie niemals allein. Immer waren freiwillige Helfer um sie. Einer ihrer

Getreuen wichste schnell den Fußboden in der Gaststube, ein anderer bedeckte die Tische mit sauberem weißem Packpapier, jemand stellte einen Topf mit Wasser auf den Ofen, jemand lüftete überall gründlich. Als die Ärzte kamen, ohne Anspruch auf Honorar, aber versehen mit eigenen Instrumenten und einem Vorrat an Medikamenten, begrüßte sie die Vobecká mit einem dankbaren Händedruck und einer würdevollen Neigung des schwarzen Hutes. Dann holte sie aus ihrer großen Tasche die Brille hervor, setzte sie auf, und damit war die Aktion eröffnet.

Ich gehörte zu einer Gruppe junger Menschen, die sozusagen aus innerem Bedürfnis bei diesen ärztlichen Unternehmungen ein wenig mithalfen. Eine Erfahrung, die bitter war, zugleich aber auch irgendwie ermutigend. Hier wurde nicht stundenlang diskutiert, hier geschah etwas. Die kleinen Patienten sahen schlimm aus, allein die sachliche und zielbewußte Art, wie hier alle vorgingen, ließ keine Wehleidigkeit, kein passives Mitleid zu. Es genügt nicht, gegen Not und Elend zu protestieren, man muß etwas tun, lernte ich dabei. Eine Erkenntnis, die ich mir zu eigen machte und die mir später oft zugute kam.

Im Komitee der »Erzgebirgshilfe« zur Unterstützung, vielleicht sogar Rettung der erschreckenden Menge hungernder Kinder der Arbeitslosen unter unseren deutschen Mitbürgern im westlichen Grenzgebiet der Republik, stand Marie Vobecká ein ruhiger, unauffälliger, eher unpolitischer Mensch zur Seite. Ingenieur Gustav Stadler war im Forschungsinstitut der Kohlenindustrie angestellt, seine Freizeit widmete er vornehmlich der »Erzgebirgshilfe«.

»Forschungsinstitut für Kohlenindustrie?« Mein prachtvoller Referent war offensichtlich erfreut, als ich diese Institution kurz erwähnte. »Das bringt uns ja beinahe geradlinig zum Kapitel Industriespionage. Also legen Sie los, ich höre.«

Ich starrte ihn entgeistert an, als ob er mir eine Schlinge um den Hals gelegt hätte.

»Ich habe Ingenieur Gustav Stadler erwähnt«, sagte ich, als ich wieder Atem holen konnte, »weil er selbstlos und sehr tüchtig alle Hilfsaktionen mitorganisiert und gesichert hat.«

»Selbstlos!« Das hübsche Gesicht des jungen Mannes verzog sich. »Worte, die nichts besagen und Ihnen deshalb geläufig sind. Damit kommen Sie bei mir nicht an.«

Ich verstummte, ließ nur meinen Blick auf ihn geheftet. Er drehte den Kopf weg, klemmte eine Zigarette zwischen die Lippen und befahl: »Fahren Sie fort!«

Der stille Gustav Stadler war ein hervorragender Organisator, systematisch und nimmermüde. Von seinem Schreibtisch aus begrüßte er jeden freundlich, der in Maries bescheidenes Büro kam, telefonierte, registrierte, kalkulierte – kurz, kümmerte sich. Um alles und alle, auch um die Vobecká, sofern sie das zuließ. (»Du hast heute bestimmt noch nichts gegessen. Geh schnell hinunter, oder ich hole dir etwas.« – »Du hustest, Marie, ich könnte jemanden von unseren Ärzten anrufen.« – »Wie geht es deinem Mann? Solltest du nicht schon zum Zug gehen?«)

So ein Mensch war dieser Kohlenexperte, den wir alle nur Gustl nannten. Er war der gesetzteste unter uns, aber bestimmt noch nicht so alt, wie es uns damals schien. Zum Glück konnte er im letzten Augenblick, schon nach der Naziinvasion, entkommen und hat den Krieg und den Blitz über London in England überlebt, einbezogen in die Exilaktivitäten. Er ist in die befreite Tschechoslowakei zurückgekehrt, sogar in das Kohlenforschungsinstitut. Aber sein Herz war schon ziemlich verbraucht. Daran ist er auch zu früh gestorben.

»Gestorben? Das wissen Sie bestimmt?« Mein Prachtexemplar war unverkennbar enttäuscht. »Na, wir werden das noch sicherstellen.« Er langte nach dem Telefon. »Abführen!« sagte er in die Hörmuschel, und in meine Richtung: »Verbinden Sie sich die Augen. Das ist für heute alles.«

Unterwegs mit den verbundenen Augen, beschloß ich, meine Aussagen vor diesem Ermittler noch knapper zu halten, obwohl … Wenn dieser junge Mann, der scheinbar nicht ganz dumm ist, etwas davon erfährt, was es in den dramatischen dreißiger Jahren wirklich gegeben hat und wie die Menschen in jener Zeit dachten und handelten, vielleicht ist bei ihm noch nicht aller Hopfen und Malz verloren – so törichte Gedanken hatte ich damals noch.

Für erstaunlich viele Menschen war das nicht gerade einladend wirkende kleine Büro der »Erzgebirgshilfe« in der Altstädter Dlouhá-Gasse ein richtiger Anziehungspunkt. Die Mitarbeit bei der Vobecká bot ihnen die Möglichkeit, wenigstens etwas, und sei es auch ein ganz klein wenig, gegen die aufziehende Okkupationsgefahr und Kriegskatastrophe zu unternehmen. Wenn ein »Striezelsonntag« im Erzgebirge vorbereitet wurde, duftete es mit einemmal in dem nüchternen Büro betörend nach Mandeln und Rosinen, auf den beiden Schreibtischen häuften sich größere und kleinere Stollen, die Tür stand keinen Augenblick still, neben ständigen Unterstützern des Hilfskomitees brachten auch bis dahin unbekannte Frauen und Damen ihren vielversprechend duftenden Beitrag für die anstehende Hilfsaktion. Neben Frau Loni, der Gattin des Dichters und wunderbaren Übersetzers tschechischer Lyrik Rudolf Fuchs, konnte man hier auch ihrer Freundin Paula begegnen, die wiederum die Ehefrau unseres Professors Oscar Kosta aus dem Stephansgymnasium war, sowie ihrer Schwester Lisa, deren Mann der Architekt Guido Lagus war, ein rühriger Helfer der emigrierten deutschen Literaten. Sie zählten zu den ständigen Stützen dieser Aktivitäten. Aber es gab auch andere. Jemand lieferte ein größeres Gebäckpaket vom Emigrantenhilfskomitee Professor Šaldas ab, eines Tages erschien der ständige Mitarbeiter des Prager Tagblatts, der Schriftsteller Walter Seidl, in der Dlouhá mit dem Vorschlag, er würde gern persönlich an der nächsten Expedition ins Grenzgebiet teilnehmen – und so könnte man die

Reihe mit bekannten Namen neben zahlreichen anonymen Spendern beliebig fortsetzen. Ohne programmatische Deklarationen wurde hier der Versuch unternommen, einen Solidaritätswall gegen die bedrohliche deutsch-tschechische Feindseligkeit zu errichten.

Es mag 1937, vielleicht schon im Krisenjahr 1938 gewesen sein, daß der Beschluß gefaßt wurde, im schönen Garten des Waldstein-Palais auf der Kleinseite eine Garden party für die »Erzgebirgshilfe« zu veranstalten, um vor allem für ein Ferienlager für die Kinder der Arbeitslosen im Grenzgebiet die notwendigen finanziellen Mittel zusammenzubekommen. Die Schirmherrschaft für dieses Gartenfest übernahm die Gattin des Präsidenten der Republik, Hana Benešová. Für die kleine Gruppe, heute würde man sagen den Stab, um die Vobecká brachte das neue, bis dahin ungewöhnliche Sorgen.

»Marie, was wirst du zu diesem großen Ereignis anziehen?« erkundigten wir uns vorsichtig, denn wir wollten sie entsprechend gekleidet unter den Spitzen der Gesellschaft wissen.

»Was ich anziehen werde? Na, mein schwarzes Kostüm, dazu den schwarzen Hut. Vielleicht werde ich zu Ehren der Frau Präsidentin zum Friseur gehen.«

Zum Friseur! Gerade so etwas hatten wir befürchtet. Auf ihrem Kopf werden frische Dauerwellen wippen, und jeder wird gleich erkennen, wie sich die Vobecká zu diesem Anlaß herausstaffieren ließ.

»Deine Haare sind ganz in Ordnung. Nur der Hut, Marie, der ist schon ein bißchen abgenutzt, sollte vielleicht aufgebügelt werden oder was. Eine geschickte Modistin würde sich bestimmt zu helfen wissen.«

Unvergeßlich blieb mir, wie Marie ihren getreuen schwarzen Hut vom Kopf nahm, ihn von allen Seiten kritisch betrachtete, etwa so, wie ein Kommandant vor dem nächsten Angriff sein Regiment mustert. Dann erklärte sie:

»Er kriegt ein neues Band, und das ist alles. Ich bin schließlich kein Mannequin.«

Als es dann endlich soweit war und an einem strahlend schönen Maitag das Gartenfest stattfand, hieß Marie Vobecká würdevoll und zugleich mit bezwingender Natürlichkeit die erste Dame der Republik willkommen und begrüßte dann an ihrer Seite mit gleicher Aufrichtigkeit die sehr zahlreich eintreffenden prominenten und einfachen Gäste. Der schwarze Hut mit dem neuen Band wippte dabei sacht von Seite zu Seite. Denn unter ihm ging es seiner Trägerin ständig durch den Kopf: Lohnt sich der ganze Rummel? Wird er uns das Sommerlager ermöglichen?

Er tat es, sogar für eine gute Anzahl von Kindern, und wurde für meine Freunde und mich überdies ein außerordentliches, unauslöschbares Erlebnis.

Marie Vobecká haben die Nazis nach ihrem Einmarsch in die Tschechoslowakei verhaftet und ins Zuchthaus Waldheim deportiert. Dort wurde sie von schwerer Lungen- und Knochentuberkulose befallen. Nach ihrer Heimkehr konnte sie sich nur auf Krücken bewegen. In ihrer Heimatstadt Ústí n. L. (Aussig) wurde sie nach der Befreiung der Republik zur ersten Vorsitzenden der neuen Magistratsbehörde gewählt, und sie nahm diesen verantwortungsvollen Posten in der nervös vibrierenden nordböhmischen Stadt trotz ihrer schwer angegriffenen Gesundheit an. »Wenn man helfen kann, muß man es tun«, war ihre lebenslange Losung. Mit eisernem Willen und unerschütterlichem Glauben an das Leben versuchte sie sich über ihre Krankheit hinwegzusetzen. Das gelang ihr aber nur für kurze Zeit. Sie starb im Jahr 1947, knapp 56 Jahre alt.

Obwohl es mir schwerfiel, weil ich es nicht wahrhaben wollte, begriff ich schließlich, daß es überhaupt keinen Sinn hatte, beim Verhör zu versuchen, den Ermittlern die Atmosphäre, das Denken und Handeln sowie die Menschen in bestimmten Zeitabschnitten und historischen Situationen zu erklären, selbst wenn sie – freilich auf ihre Art – danach fragten. Sie wollten ja etwas ganz anderes hören: Geständnisse konstruierter, niemals verübter, selbst niemals beabsichtigter Verbrechen. Warum das so war und wieso es gar dem »Sozialismus« dienen sollte, das konnte ich ganz und gar nicht verstehen. Einige Menschen, nach denen sie mich ausfragten, verbrachten nun ihre Tage gleich mir in den Zellen des unheimlichen großen Gebäudes. Manche, so erfuhr ich später, wehrten sich, ihre Wahrheit und Hoffnungen aufzugeben, anderen hatte man schon alle Hoffnungen geraubt. Die warteten nur mehr auf ein Ende.

Die wenigen, zusammenhanglosen Auszüge aus den Protokollen anderer Häftlinge, die mir das Prachtexemplar manchmal vorlas, brachten mich beinahe um meinen Verstand. Was, um Himmels willen, wurde hier gespielt? Wer oder was steckte dahinter? Was bedeutete der Aufschrei, den ich vernahm, als man mich einmal mitten im Verhör in eine Zelle gleich nebenan »ablegte«, damit ich »Vernunft annahm«? Was machte man hier mit den Menschen? Einige von ihnen kannte ich seit Jahren, die sollten auf einmal »Klassenfeinde«, Verschwörer und Verbrecher sein? Warum? Je mehr ich nachdachte, je mehr Augenblicke von einst auf dem Bildschirm meines Gedächtnisses aufblitzten, um so weniger konnte ich von dem Geschehen rings um mich begreifen.

Tröstlich waren hier, wo es keine Gegenwart und nur eine sehr fragliche Zukunft gab, allein Erinnerungen. Sie wurden mitunter sogar durch die absurden Fragen der Referenten lebendig. Man jonglierte hier mit Namen wie Zirkuskünstler mit Bällen und Tellern. In der Manege kostete das nur durch einen unglücklichen Zufall ein Leben. Hier war es umgekehrt, hier trachtete man nach dem Leben.

»Sagen Sie aus, was Sie über den Menschen wissen, der sich Gema nennen ließ.«

Erst in den frühen Morgenstunden, kurz vor dem »Kaffee«, wie in dem Gefängnis das dünne Gebräu genannt wurde, das den Untersuchungshäftlingen zum Frühstück verabreicht wurde, brachte man mich an jenem Tag in die Zelle zurück. Dana hatte bereits unsere Decken in ordentliche Vierecke zusammengelegt, den Fußboden aufgewischt, den Abtritt gereinigt und begrüßte mich auf ihre derb herzliche Art:

»Wunderbar! Dein Prachtexemplar gönnt sich jetzt einen ausgiebigen Schlaf, und du hast Augen wie ein überfahrener Hund. Auf dem Brett vor unserer Tür habe ich noch einen Rest Honig. Den lasse ich uns jetzt hereinreichen, und wir tropfen ihn in den Kaffee. Das rappelt dich zusammen. War es sehr schlimm?«

»Die haben von nichts eine Ahnung«, seufzte ich und spülte mein Gesicht mit dem eiskalten Wasser. »Der Kerl ist arrogant und will mir damit imponieren. Heute hat er mich nach einem Mann verhört, den ich ganz gut kannte, aber nach seiner Beschreibung wußte ich zuerst gar nicht, von wem er spricht.«

Die Tür ging auf, der »alte Kater«, so nannten wir diesen älteren Aufseher, steckte den Kopf herein und brummte: »Frühstück! Soll ich euch das Brot aufschneiden?« Dabei reichte er uns den bereits in Scheiben geschnittenen kleinen Laib.

»Danke, Herr Aufseher!«

»Trinken Sie das Zeug schnell, ehe es kalt wird.« Er schüttelte traurig den Kopf und schloß eilig hinter sich die Zellentür. Jedes persönliche Gespräch mit den Untersuchungshäftlingen war strengstens untersagt.

Nachdem wir gegessen hatten, erklärte Dana, an diesem Vormittag werde bestimmt keine von uns abgeholt. Dafür habe sie ein Gespür, das sie nie enttäusche. Dennoch lauschten wir nervös auf alle Geräusche von draußen. Das halblaute Gewisper der Aufseher, wenn sie jemanden holen kamen, das Zuschlagen der wuchtigen Zellentüren, den hastigen schlurfenden Schritt der Häftlinge, das Klirren des Gitters am Ende des Korridors, das Surren des Aufzugs. Und nochmals: Flüstern, Zuschlagen, schlurfende Füße, Gitter, Aufzug. Und noch einmal. Es folgte eine Pause, nur die Schritte der Wachen. Dann wurde noch jemand abgeführt. Schließlich trat Stille ein, die sich wie klebriger Teig verbreitete. Die drückende Stummheit der Zellen.

»Es scheint, ich hatte recht. Jetzt kommen sie bestimmt nicht mehr.« In Danas Stimme mischte sich Erleichterung mit einer gewissen Enttäuschung. »Also leg los. Womit hat dich das Prachtexemplar die ganze Nacht unterhalten?«

»Diesmal war das Thema ein einziger Mensch, wir nannten ihn Gema. Ein Mann von kleinem Wuchs, von Beruf Journalist. Auffallend an ihm waren nur seine Augen. Sehr lebhaft und unruhig. Wenigstens früher. Als ich ihm nach meiner Rückkehr aus dem Exil in Prag wieder begegnete, verblüffte mich die Veränderung in seinem Gesicht. Erst nach einer Weile erkannte ich, daß die Augen irgendwie ausgelöscht waren. Nur selten blitzte in ihnen die einstige Lebendigkeit auf. Ich sagte mir, das machen die Jahre, noch dazu die bösen Kriegsjahre, die er in der Sowjetunion überlebt hat. Etwas ist dort wohl mit ihm passiert, aber was? Er war jedoch weiterhin quecksilbrig und aktiv, blickte auch noch immer hübschen Frauen nach.

Vor dem Krieg habe ich ihn oft auf einer Skihütte der Naturfreunde im Isergebirge gesehen. Er war kein hervorragender Skiläufer, aber ein recht guter Tänzer. Im allgemeinen ein ziemlich ungeduldiger Mensch, konnte er sehr geduldig etwas erklären und schwieg erst, wenn er sicher war, daß man ihn gut verstanden hat. In der Skihütte fanden gelegentlich Zusammenkünfte mit Menschen statt, die illegal von drüben, aus Hitlerdeutschland, kamen und mit denen allerhand für den Widerstand und die Hilfe Verfolgter besprochen und organisiert wurde. Bei diesen Männern und Frauen war Gema richtig beliebt. Er war mit ihnen fröhlich, machte natürlich den Mädchen den Hof, schenkte ihnen verschiedene Kleinigkeiten – ein Tüchlein, Fäustlinge oder so etwas. Ein sehr hübsches Mädchen, eine Siemensarbeiterin, sagte ihm einmal: ›Ich nehme deine Handschuhe als Talisman mit, damit mir nichts passiert.‹ Das hat ihn offensichtlich gerührt. ›Sie geht in die Hölle zurück‹, sagte er, ›und ich gebe ihr ein paar Ratschläge und Wollhandschuhe mit. Wir tun für diese Menschen herzlich wenig.‹«

»Und im Krieg?« fragte Dana.

»Ich sagte ja schon, er verlebte ihn in der Sowjetunion, soll im Rundfunk gearbeitet haben. Hatte dort auch eine Frau, eine Spanierin. Als es wieder Frieden gab, ist er nach Prag zurückgekehrt, war erst im Parteiapparat und dann später wiederum im Rundfunk tätig. Seine Frau ist in Moskau geblieben.«

»Und jetzt?« wollte Dana wissen.

Und jetzt? Auf einmal war ich sehr müde. In meinen Ohren summten noch die irrsinnigen nächtlichen Fragen: Wozu hat er sie überredet? Was wissen Sie über seine Kontakte? Welche geheimen Befehle haben Sie von ihm bekommen? Warum decken Sie ihn, er hat ja schon alles gestanden. Also, was wollte er von Ihnen, dieser Spion und Verräter …

Da hörte ich auf einmal nichts mehr. Auch das Büro verschwamm vor meinen Augen. So deutlich und scharf erwachten in diesem Augenblick ein paar Stunden in mir, die ich als harmlos erlebt hatte und die in Wirklichkeit grausam und teuflisch waren.

Bedřich Geminder, so hieß der Mann, feierte, kurz nachdem er im Prager Rundfunk einen führenden Posten angetreten hatte, an seiner Arbeitsstelle seinen 50. Geburtstag. Es gab Blumen, Trinksprüche, Glückwunschtelegramme aus Moskau und von Ministern und hohen Funktionären in Prag, Geschenke, eine gehobene Stimmung. Das war am Nachmittag.

Ich hatte an jenem Tag Abenddienst. Zwischen acht und neun Uhr kam Gema in mein Zimmer, ein bißchen mitgenommen nach der feuchtfröhlichen Feier, aber immer noch mit glänzenden Augen. Er schleppte zwei große eingerahmte Bilder mit und sagte:

»Kannst du mir raten? Beide habe ich zum Geburtstag bekommen. Ein Bild will ich hier in meinem Büro lassen, das andere nehme ich nach Hause. Guck sie dir an, und sag, welches du dalassen würdest.« Er lehnte sie an die Wand.

»Laß das fröhliche von Lada mit den Kindern in der Schneelandschaft in deinem scheußlichen Raum an die

Wand hängen«, meinte ich. Da klingelte das Telefon auf meinem Schreibtisch. Es war der Pförtner, der nach Genossen Geminder fragte. Ich reichte ihm die Hörmuschel.

»Gut, ich komme schon«, sagte er, und zu mir: »Ich muß mich beeilen, der Fahrer ist angeblich schon ungeduldig. Also, bis morgen, und bleib nicht zu lang.«

Damit ging er. Als er zu Hause ankam, wartete vor der Haustür die Staatssicherheit auf ihn. Deshalb war der Fahrer ungeduldig.

Ich habe ihn nie wiedergesehen, aber das konnte ich noch nicht wissen, als mich das Prachtexemplar über ihn verhörte und in meinem Kopf jene Geburtstagsfeier im Rundfunk wieder wach wurde. Ich wußte auch noch nicht, daß ihn seine Genossen und nahen Freunde, die ihn beglückwünschten, ihm Geschenke sandten und an seinem Geburtstag verhaften ließen, zum Tode verurteilt haben und an den Galgen schicken. Und schon gar nicht, daß der in Haft befindliche Angeklagte Bedřich Geminder, zu meiner Person verhört, kategorisch zu meinen Gunsten ausgesagt hat. Das erfuhr ich erst Jahre später aus meinem Rehabilitationsdokument.

»Und jetzt?« wiederholte Dana ihre Frage, die ich unbeantwortet gelassen habe.

»Jetzt?« sagte ich nun zögernd. »Jetzt ist er irgendwo hier mit uns.«

»Etwas stimmt da nicht«, Dana lutschte nachdenklich an einem ihrer dünnen Zöpfchen. »Entweder du gehörst zu den richtigen oder die, die euch hier eingelocht haben. Es ist doch ausgeschlossen, daß Kommunisten plötzlich Kommunisten vor Gericht stellen.«

»Ja, das ist wohl ausgeschlossen«, sagte ich ratlos.

»Also?«

»Ich weiß nicht. Etwas Unvorstellbares muß passiert sein und kann nur wieder mit Wahrheit in Ordnung gebracht werden.«

»Und dein Prachtexemplar? Der denkt wahrscheinlich auch, daß er die geheiligte Sache der Wahrheit verteidigt.«

»Wahrheit ist nicht, was einer denkt«, warf ich ein und war den Tränen nahe, »sie braucht Beweise. Die soll er vorlegen.«

»Genug«, Dana winkte mit beiden Händen ab. »Jetzt wollen wir zur Abwechslung über etwas ganz Dummes reden, wovon die Herren Referenten keinen Dunst haben.«

Ich war einverstanden, brauchte dringend eine Ablenkung, um nicht jämmerlich zusammenzuklappen.

»Und worüber wollen wir uns unterhalten?«

»Über Liebe, über Männer oder so etwas«, schlug Dana vor und überrumpelte mich damit ein wenig.

»Über Liebe? Das ist für mich, und noch dazu hier, ein Thema noli me tangere – man rühre nicht daran.«

»Warum?«

Da mußte ich trotz meiner Not lachen. »Kisch pflegte zu sagen, in der Liebe sei er vorrangig für die Praxis, weniger fürs Theoretisieren. Dem kann ich nur zustimmen. Hinter Gittern wird zudem noch aus allem, das im normalen Leben selbstverständlich ist, etwas ganz anderes.« Ich bekam Herzklopfen. »Hier kann ich nicht über meinen Mann sprechen und schon gar nicht über mein Kind, das würde mich fertigmachen.«

»Und über andere Männer?« Dana ließ nicht so leicht locker. »Ich habe dir doch auch von meiner mißglückten Geschichte mit dem Tschechen aus England erzählt.«

»Du kannst froh sein, daß du den losgeworden bist, der hat sich doch schnöde benommen.«

»Das tun die meisten Männer.«

Jetzt mußte ich abermals lachen. »Meine Freundin, die Zigeunerin Kali, erinnerst du dich, ich erzählte dir, daß sie mir im Internierungslager in Frankreich geholfen hat, die bot mir manchmal auch Lebensweisheiten an. Sie sehnte sich nach ihrem Pferd und erklärte mir einmal auch, warum. Ein Mann läßt dich im Stich, sagte sie, er läuft dir, wenn es brenzlig wird, davon. Auf dein Pferd kannst du dich verlassen, das trägt dich davon.«

Dana nahm auf einem unserer beiden Klappsitze Platz

und bemerkte zufrieden: »Fein, jetzt siehst du schon etwas besser aus, also erzähl schön weiter. In dem Lager gab es keine Männer, dort bewachten euch nur Frauen?«

»Anfangs gab es nur den Kommandanten und seinen Ökonomen. Wir bekamen sie kaum zu sehen, was durchaus kein Verlust war. Als die Wehrmacht in Frankreich vorrückte, vermehrte sich das Wachpersonal spontan. Jüngere Männer von der Polizei und von Sicherheitsorganen, die eher in die Armee gehört hätten, glaubten hier gut unterzukommen. Statt gegen den Feind, zogen sie gegen die Frauen los. Wenn man nachts aus unaufschiebbaren Gründen die Baracke verlassen mußte, konnte das sehr unangenehm werden. Tagsüber schliefen sie, besoffen sich irgendwo, und wenn sie sich zeigten, waren sie grob und kommandierten gern sinnlos herum. Solche Typen waren das. Nicht gerade verführerisch.«

»Können wir nicht konkreter von der Liebe sprechen?« schlug Dana vor. »Die muß es doch auch gegeben haben.«

»Ja, aber sie war anders, flackerte zum Beispiel zärtlich in den Briefen zwischen dem Männerlager Vernet und unserem Rieucros. Im Winter schrieb einmal jemand aus Vernet, daß die Brotrationen dort unglaublich knapp seien. Das stand nur in einem oder zwei Briefen. Aber sofort setzten sich die Frauen, auch solche, die niemanden dort hatten, in Bewegung, schnitten von ihren mageren Rationen eine dünne Scheibe ab, rösteten sie auf dem Trommelöfchen in der Baracke, und am nächsten Tag wurde ein Brotpaket ins Lager Vernet expediert. Aus Liebe.«

»Haben die Männer den Frauen auch etwas geschickt?«

»Ja, ja. Aus Knochen geschnitzte Ringe, Kohlezeichnungen, Gedichte, aus Laub und Gräsern geflochtenen Schmuck.

In außergewöhnlichen Lagen kommt man auch zu außergewöhnlichen Erlebnissen. So bekam ich eines Tages zu meiner Überraschung einen Brief von einem Bekannten, den ich manchmal in Prag und später auch in Paris sah. Nicht mehr. Und nun schrieb er mir aus einem Arbeitslager irgendwo in

Ostfrankreich, daß sie dort von früh bis abends Flaschen zertrümmern müssen, deren Glas neu verarbeitet werden soll. ›Wenn ich Parfumfläschchen in die Hand bekomme‹, schrieb er, ›die immer noch verwirrend nach Frauen duften, werde ich ganz wehmütig. Das ist dann gleich wie in der Melantrichgasse oder in der Rue Vaugirard – du mußt nach dem Krieg wieder Lavendel benützen.‹«

Einmal geschah in unserer Internierung etwas ganz Besonderes. Rieucros lag in einer Gebirgsgegend vor einer Felswand und mit dem Ausblick in ein menschenleeres Tal. Zwischen den Baracken und auf der Lagerstraße konnte natürlich nichts sprießen, aber die Wiese in dem Tal erblühte im Frühjahr in voller Schönheit. Es waren vor allem weiße Narzissen, die dort im Wind bebten und süße Duftwolken zu uns herübersandten. Wir waren jung und wurden unruhig angesichts dieses Frühlingserwachens. So liefen wir in den stillen Stunden des Vorabends am Stacheldraht entlang, ließen wenigstens unsere Blicke ins Offene schweifen, gestatteten sehnsüchtiger Träumerei freien Lauf.

»He, les belles – he, ihr Schönen!« vernahmen wir eines Abends flüsternde Männerstimmen. Ich war mit meiner Freundin Tonka unterwegs, vor uns und hinter uns schlenderten andere Fauen am Drahtverhau entlang.

»He, les belles!«

Träumten wir? Aber nein, drüben am Wiesenrand standen ein paar Männer, vielleicht Waldarbeiter, vielleicht aus dem nahen Städtchen Mende, lächelten uns zu, hatten die Arme voll weißer Narzissen und ließen sie mit einem kräftigen Schwung zu uns herüberflattern. Wir fingen die duftende Blumenwolke auf und waren in diesem Augenblick vielleicht wirklich wieder einmal schön.

»C'est le printemps«, lachten die Männer, »es ist Frühling. Bonne nuit, les belles! Gute Nacht, ihr Schönen!«

Ich legte eine Pause ein, Dana blieb stumm. In ihren Augen flatterte ein Fünkchen unserer damaligen Träumerei.

»So eine Art Liebe ist auch schön«, sagte sie schließlich mit einem Seufzer, »aber in diesem Loch hat sie keine Chance.«

In der Nacht lagen wir dann still nebeneinander, konnten oft lange nicht einschlafen. Aber wir störten uns gegenseitig nicht. Die Nacht war unsere Privatsphäre, auch wenn die Glühbirne an der Wand gegenüber ihr gelbes Licht über uns ergoß, auch wenn uns die Wachen weckten, sowie wir nur den Kopf umwandten, so daß sie uns durch den Spion in der Tür nicht ins Gesicht blicken konnten.

Die Nacht war unser Privatissimum. Wenn jedoch eine zum Verhör abgeführt wurde, fand die Zurückgebliebene keine Ruhe, ehe die andere nicht wieder in der Zelle erschien. Die Nähe eines Mitmenschen, mit dem man sprechen, sogar lachen oder auch weinen konnte, bedeutete hier ungemein viel.

Vergeblich zerbrach ich mir in jenen langen Stunden den Kopf – und tue es eigentlich bis heute –, wie aus dem verführerischen Ideal meiner frühen Jugend eine so abstoßende gewalttätige Maschinerie entstehen konnte. Ich hatte mich doch, gleich Millionen anderer, auch begeisterungsfähiger Menschen, zu dem anziehenden Experiment einer ganz neuen, wie wir glaubten, endlich richtigen Regelung der menschlichen Angelegenheiten hinreißen lassen, wollte mein winziges Etwas zur Erreichung dieses hoffnungsvollen Zieles beitragen. Und nun?

Man paukte mir ein: »Wir sind ein riesiger Apparat ... Sie werden sich so verhalten, wie wir es wünschen ... Ich kann Sie dabehalten, so lange ich will ... Von hier gibt es nur einen Weg: Geständnis und vors Gericht ...« Das war so verteufelt, daß in mir der Verdacht eines ungeheuren Komplottes mir unbekannter Kräfte aufkam, in dessen mörderische Fänge ich geraten war. Das Durcheinander in meinem Kopf, die bestürzenden Fragen, für die ich keine Antwort wußte, wurden allmählich unerträglich. Der Faschismus war doch besiegt, wieso sagte man mir jetzt in meinem Prag solche Ungeheuerlichkeiten wie: Im Konzentrationslager ließ sich jeder gewinnen. Oder: Jeder zweite in den Internationalen Brigaden im Spanischen Bürgerkrieg war ein Abenteurer oder Agent. Sogar: Juden arbeiten nicht gern. Und schließlich der Höhepunkt: Gestehen Sie, daß Sie Spionin sind ...

»Was?«

»Setzen! Hier wird nicht aufgesprungen, wenn es Ihnen gefällt! Hier kommandiere ich! Der Westen hat Spione, die Zionisten haben Spione, die Titoisten ... Gestehen Sie endlich, nur so nützen Sie der Partei ...«

Je schamloser sie logen, je gröber ihr Druck wurde, um so größer wurde auch die Gefahr hoffnungsloser Resignation. Von hier komme ich nicht mehr los. Nie mehr werde ich ...

Nie mehr mein Kind sehen?

Wo ist der Scheidepunkt zwischen Verzweiflung und Lebenswillen? Wann tritt die rettende Sekunde ein? Ich lag regungslos, der unglaublichen Vorschrift entsprechend mit den Händen auf der dünnen Decke, die ohnehin nicht wärmte, die Füße stumpf vor Kälte – aber schon nicht mehr am Ende und ratlos. Aushalten, versprach ich mir, aushalten für das Kind und den Mann und sogar auch für die Dana neben mir und viele andere Menschen. Aushalten, um aus diesem Alptraum nach Hause zurückkehren zu können und noch ein langes und wenn möglich sinnvolles Leben zu haben.

Im Gefängnis denkt man anders als im normalen Alltag. Im Gefängnis sind die Nächte anders, auch die Tage und selbst das Atmen und das Wachen und Träumen, das ganze Sein.

Auf dem Strohsack neben mir lag Dana. Welche Gedanken quälten sie? Ich konnte es nur ahnen. Schon das dritte Jahr von Zelle zu Zelle gebracht. Mit jedem Tag wird man älter, und wenn man früher ganz nett ausgesehen hat, so war das sicher schon längst verloren. Was hat einem das Leben bis jetzt beschert? Nichts Besonderes, und nun auch noch das Vegetieren in diesem Loch. Sie weiß inzwischen, wie man im Knast redet und welche albernen Witze man zu hören bekommt. Auch daß es am besten ist, sich über alles lustig zu machen. Falls man es fertigbringt. Die meisten Frauen, denen sie in diesem Teufelskreis begegnete, waren so. Manche noch schlimmer. Die hier in dieser Zelle ist irgendwie anders. Was ihr geschehen ist, ist vielleicht noch ärger, weil es doch sozusagen ihre eigenen Leute sind, die sie hierher gebracht haben und ganz schön mit ihr umspringen.

Aber wahrscheinlich ist alles ganz anders, und ein normaler Mensch konnte nichts davon verstehen. Überdies plagte einen auch noch völlig sinnlos der Gedanke, was man tun würde, wenn sie einen morgen plötzlich freiließen. Wohin würde man gehen? Was würde man tun? Dumme Sorgen, man sitzt hier fest und …

Dana betrachtete ihre Hände in den zu weiten Ärmeln des verwaschenen Männerhemdes mit dem schwarzen Anstaltsstempel in der Höhe des Handgelenks, seufzte hörbar und stieß mich ein wenig mit dem Fuß an, zum Zeichen, daß sie noch wach war.

Ich flüsterte: »Gute Nacht!«

Ihre Antwort war ein geseufzter Brummton.

Eines Tags geschah etwas bis dahin ganz Ungewöhnliches: Man brachte mir ein Paket, das einzige während meiner ganzen Haft. Ich hatte gerade quasi im Stehen, hinlegen durfte ich mich nicht, eine Gallenreizung überstanden. Die Gefängniskost vertrug ich nicht, Diät wurde mir nicht bewilligt. »Vorteile müssen hier verdient werden!« wurde ich belehrt.

»Du siehst aus wie eine Mücke nach einer Abmagerungskur«, stellte Dana nüchtern fest und fütterte mich tagelang mit auf Brot getropfter Kondensmilch aus ihren Paketen.

»Warum essen Sie nicht?« regte sich mein Referent auf, als ihm gemeldet wurde, Untersuchungshäftling Nr. 2814 lehne die Essensrationen ab. »Wollen Sie hier etwa sterben?«

»Keineswegs. Aber ich bin krank, und Sie haben mir weder Diätkost noch ein Paket von zu Hause bewilligt.«

»Sie wissen genau, warum.«

Aber einige Tage später reichte mir der diensthabende

Aufseher eine blaue Schachtel in die Zelle. »Das hat man Ihnen von zu Hause geschickt. Schauen Sie nach, was drin ist, und dann muß es hinaus vor die Tür. Wenn Sie etwas davon haben wollen, ersuchen Sie uns darum.«

Ich riß den Pappkarton auf: Pischkoten und vier Zitronen. Mir kamen die Tränen.

»Heul nicht, Mädchen, und iß, ehe sie dir alles wieder wegnehmen«, riet mir die erfahrene Dana. »Man hat es dir ohnehin nur bewilligt, damit du ihnen eines Tages nicht endgültig umkippst. Ein tragisches Ende außerhalb ihrer Regie paßt ihnen nicht.«

»Es geht mir gar nicht so sehr um das Essen«, sagte ich und ließ die Schachtel nicht los, »es ist das Paket von zu Hause. Ich weiß doch nicht einmal, wovon sie leben und ob sie überhaupt … Und jetzt ist mir auf einmal auch noch bewußt, daß ich eigentlich schon monatelang nichts Blaues gesehen habe.«

Dana riß die Augen auf: »Nichts Blaues …«

Fortan »organisierten wir die Schönheit des Lebens«. Wenn wir etwas aus unseren Paketen haben wollten, gab es immer eine kleine Diskussion mit dem wachhabenden Aufseher, die blaue Schachtel verteidigten wir jedoch gegen alle Attacken. »2814 ist krank, sie braucht ihre Diätkost.« Nicht immer klappte das, aber manchmal doch. Heimlich bewahrten wir in der Zelle auch einen kleinen Streifen rosa Pappe von der Tube einer Zahnpasta auf. Als uns am Morgen für ein paar Minuten der Kamm hereingereicht wurde, brach jede von uns einen Zahn aus dem ihren heraus. Danas schimmerte rötlich und war transparent, der meine goldglänzend wie die Farben der Sonne. Beim Appell am nächsten Tag mußten wir Vorwürfe und Drohungen wegen des unerklärbaren Verlustes der genau abgezählten und registrierten Kammzähne anhören, aber das ließen wir unangefochten über uns ergehen. Wir besaßen unsere geheimen Schätze, Splitter gestohlener Freude.

»Warum machen wir das eigentlich? Wir sind doch keine

Kinder«, überlegte Dana eines Abends beim Einwickeln in die Pferdedecken. »Wenn die Frauen im Pankrác-Gefängnis wüßten, daß wir bunte Papierschnipsel aufbewahren, würden sie uns schlicht für übergeschnappt erklären. Im Ernst, warum machen wir so was?«

»Weil wir keine Sachen sind, die man in einen Koffer ablegen kann. Wir sind Menschen, wahrscheinlich schon ein wenig verrückt, aber entschieden noch lebendig. Warum wolltest du, daß ich dir jeden Tag drei französische Vokabeln beibringe und am Sonntag sogar fünf? Weil du ein Mensch bleiben und keine Nummer sein willst. Deshalb organisieren wir unter den gegebenen irrsinnigen Umständen unser bißchen Schönheit des Lebens, und wenn es auch nur ein bunter Streifen Pappe sein kann. Deshalb ...«

Die Zellentür flog auf. »Sie dort!« Diesmal war Dana an der Reihe.

An Schlafen war da nicht zu denken. Ich legte mich zwar gehorsam nieder, wartete jedoch. In meinem Kopf rumorte noch Danas Frage. Warum phantasiere ich, denke mir allerhand aus, was mir während des Krieges im Lager nie eingefallen wäre? Warum war ich damals im ganzen ruhig, obwohl ich wußte, daß mir das Schlimmste drohte – und hier zerspringt mir, wenn sie mich holen, jedesmal beinahe das Herz vor Aufregung. Gewiß, damals war ich jung, niemand hat mich so sehr gebraucht, während jetzt ...

Nicht daran denken. An etwas anderes denken.

An das Zweisein gewöhnt, schien es der in der Zelle Zurückgebliebenen jedesmal sehr lang, ehe ihre »Mitbewohnerin« vom Verhör zurückgebracht wurde. Die stürzte dann meistens vor allem zu dem dünnen kalten Wasserstrahl über dem Abtritt, um Gesicht und Hände aufzufrischen. Als Dana eines Tages endlich wieder in der Tür auftauchte, witterte ich wie ein Hündchen.

»Du riechst nach Luft, du warst draußen.«

»War ich und habe dir auch etwas mitgebracht.«

Sie hielt mir ihre Hand hin, auf der ein paar kümmerliche Grashalme lagen.

Ich nahm sie vorsichtig zwischen die Finger, rieb sie ein wenig, roch an ihnen, zerbiß ein Stückchen.

»Du bist prima, Dana, nein wirklich, das ist so schön von dir. Bringst mir eine Ahnung Wiese. Wo warst du? Wie ist es dort?«

»Warte«, sagte Dana, »ich muß mich erst einmal hinsetzen. Frische Luft wirkt jetzt auf mich wie Whisky in meinen besten Zeiten. Laß mich ausschnaufen, dann erzähl ich dir alles – du warst noch nie an der Luft?«

»Nein.«

Sie schüttelte den Kopf. »Deine Genossen gehen sonderbar mit dir um. – Viel gibt es übrigens hier im Freien nicht zu sehen. Ringsum Mauern, oben ein Rechteck Himmel, aber ziemlich hoch. Man muß den Hals ordentlich strecken, und die Sonne ist wer weiß wo. Unter den Füßen Beton, in den Ritzen da und dort ein bißchen Gras. Das ist alles. Man trottet rundum, und der Referent marschiert mit. Den wird man nicht los.«

»Sind dort Vögel?«

»Vielleicht, ich habe keinen gesehen. Aber halt, gehört habe ich sie, sogar ein mächtiges Gezwitscher.«

»Die sitzen auf einem hohen Ahorn. Kommen von allen Seiten angeflogen. Einer hat ein kleines Mädchen mit einem Puppenwagen gesehen, ein anderer hat einem Rentner auf der Parkbank in die Zeitung geguckt und dabei zugehört, wie zwei alte Damen über das Frauenzimmer aus der zweiten Etage herzogen, das sich am Fenster sonnte und dabei ...! Na, Sie wissen ja, wie die ist ...«

»Stop! Du hast eine tolle Phantasie, mein Liebling, vergißt jedoch, daß November ist. Jetzt sonnt sich niemand am Fenster.«

»Na ja. Ich kann mir eben von hier aus die Welt nur als schrecklich schön vorstellen«, seufzte ich, »und dazu gehört die Farbe der Sonne.«

»Schon gut. Aber weißt du, was ich wirklich gehört habe? Irgendwo pfiff eine Lokomotive. Wirklich!«

»Natürlich.« Ich kannte meine Dana schon, verstand die

unausgesprochene Aufforderung, weiterzufabulieren. »Das ist ein Zug, der an jedem Morgen und Nachmittag vorbeirattert. Bringt Menschen zur Arbeit und dann wieder nach Hause. Die Frauen machen es sich auf den Sitzen bequem, lockern ein wenig ihre Kopftücher und holen ein Strickzeug hervor. Die Männer legen ihre Mappen auf die Knie, klatschen Spielkarten auf dieses provisorische Tischchen und sind dabei ziemlich laut. In einer Ecke sitzt ein junges Mädchen und liest, guckt aber oft zu ihnen hinüber. Denn sie liest gerade eine wunderbare Liebesgeschichte, und der Kerl mit dem grauen Pulli dort drüben ist einfach klasse. Genauso muß der aus dem Buch aussehen. Jetzt schlängelt sich eine kleine rundliche Schaffnerin durch die Menge, nichts als Scherzen und Lachen. Die Männer gehen vergnügt darauf ein, wagen auch einen kleinen Klaps auf das rundliche Hinterteil. Eine der Frauen, die mit den Stricknadeln, sagt bedeutsam: ›Natürlich, das ist ja wieder *die*!‹«

»Menschenskind, wie machst du das?« Dana ist nicht mehr müde und lacht amüsiert. »Du bist ja hier völlig fehl am Platz. Daß die das oben noch nicht kapiert haben!«

»Finde ich auch.«

»Sie führen dich nicht an die Luft, du darfst nur ausnahmsweise ein Paket bekommen, darfst nicht lesen, bloß in der Zelle herumlaufen.«

»Wir können uns eben nicht einigen, und deshalb exerzieren sie mit mir, um ihren poetischen Ausdruck zu gebrauchen, und verbieten, was sich überhaupt verbieten läßt. Aber ich habe meine Dana, und die liest mir freundlichst vor.«

»Jetzt gleich?«

»Muß nicht sein. Sparen wir lieber mit dem Buch. Heute gab es ja schon die Begegnung mit der Natur, das genügt für einen Tag. Wir lesen morgen, wenn du einverstanden bist.«

»Gut. So hält die Lektüre wenigstens länger an.«

Dana bekam für zwei bis drei Wochen ein dickes oder

zwei dünnere Bücher in die Zelle. Sie setzte sich mit dem Rücken zum Spion in der Tür, stützte den Kopf in die Hände und las mir, halb geflüstert, kaum hörbar vor. Denn das durfte sie nicht, und es konnte auch geschehen, daß der Aufseher plötzlich hereinstürzte und schrie:

»Noch einmal, und ich nehme Ihnen das Buch weg!«

»Warum?«

»Sie wissen genau, daß die Bücher nur für Sie sind. Nr. 2814 darf nicht lesen.«

Wir wußten jedoch schon, wie wir mit solchen Überfällen zu Rande kommen konnten.

»Ich lese ja nicht«, erwiderte ich einem der dümmsten Aufseher, den wir »Blutauge« nannten, »ich höre bloß zu, und das hat mir noch niemand verboten.«

Er glotzte mich mit seinen ständig blutunterlaufenen Augen verdattert an und ließ wortlos die Zellentür zukrachen.

»Ich lese niemandem vor«, erklärte Dana ein andermal. »Sie haben mir ein slowakisches Buch gegeben, das muß ich laut lesen, sonst verstehe ich es nicht.«

Eines Tages brachte man meiner »Zellen-Mitbewohnerin« Ashajews damals berühmten Roman »Fern von Moskau«.

»Kennst du dieses Buch? Wie ist es?« fragte sie mich.

»Schwer zu sagen. Eine Zeitlang war es überaus populär, wurde in mehrere Sprachen übersetzt und auch verfilmt. Aber jetzt und hier? Ich weiß nicht.«

»Hauptsache, es ist dick«, meinte meine Vorleserin zufrieden.

Die Handlung im fernen Sibirien war spannend, aber Dana bemängelte, daß alle Menschen in dieser Geschichte traurig waren, was uns nicht gerade ermuntern konnte. Doch schließlich war es ein Kriegsroman, der konnte nicht gerade lustig sein. Und wenn von sibirischer Kälte die Rede war, wurde uns in unserer dürftig geheizten Zelle gleich wärmer. Keine Eiszapfen an der Decke, und der dünne Wasserstrahl über dem Abtritt fror nicht ein. Unser besonderes Interesse erweckten verschiedene Praktiken, wie man Frostbeulen behandelt, steife Gliedmaßen in Bewegung versetzt und ähnliche Vorkehrungen.

»Ein bißchen Schnee vor unserem Minifenster wäre ganz hübsch«, sinnierte Dana, »und ein Tropfen Wodka käme uns auch gelegen.«

Mir gingen noch andere Dinge durch den Kopf, obwohl ich den wahren Hintergrund dieses Romans erst viel später erfuhr. Die dort vorkommenden Personen waren nämlich nach Sibirien verbannte Häftlinge, der abenteuerliche Bau der Gasleitung ihre Zwangsarbeit. Der Autor beschrieb fesselnd das Geschehen, und die einzelnen Menschen, den faktischen Hintergrund verschleierte er meisterhaft. Als ich Dana zuhörte, glaubte ich noch, was er erzählte.

»In dem Buch ist irgendwo eine Feier des Jahrestags der Oktoberrevolution. Nächste Woche ist der 7. November, vielleicht könnten wir das gerade an diesem Tag lesen.«

»Willst du etwa feiern?« fragte Dana spöttisch.

»Bisher habe ich das fast immer getan«, seufzte ich.

»Aber hier, mein Liebling, hier haben sie dich zum Feind der Revolution und der Sowjetunion erklärt. Das hattest du noch nie.«

Nein, das hatte ich noch nie.

Als jener Tag anbrach, war er grau und eintönig und schleppend wie jeder andere. Am Nachmittag erreichte uns aber ein ungewöhnliches Geräusch, offenbar aus dem Treppenhaus. Selbstbewußte Schritte freier Menschen, irgendwo wurden Möbel geschoben, sorgloses Stimmengewirr. So etwas vernahm man hier sonst nicht. Nach einigen Minuten trat wieder die übliche Stille ein mit Wasserspülung, trockenem Husten, einem Fluch und einem Jammerlaut.

Dana las mir vor, ich konnte jedoch kaum zuhören, war nervös und unruhig, als ob ich auf etwas warten würde, wußte nicht, worauf. Ich glaubte, daß ich schon alles überwunden hatte, aber an diesem Tag wurde mir beinahe übel bei der Vorstellung, der Gefängniswärter, der mir die Brotration reichte – diesmal ein älterer Mensch, vor kurzem vielleicht noch ein einfacher Fabrikarbeiter –, könnte in der Tat glauben, daß ich sein Feind war, die Sache der Arbeiterklasse und unterdrückter Menschen, das gerechte Ideal meiner Jugend, verraten hätte.

Welch ein Unsinn, redete ich mir selbst zu. Er muß doch glauben, was ihm täglich eingepaukt wird. Und überhaupt: Soll er denken, was er will. Es ist doch nicht das erste Mal, daß ich hinter Gittern angefeindet werde, und wenn ich vor dem Gegner durchhalten konnte …

Und da war ich wieder an dem Punkt, an dem sich alles hoffnungslos verwirrte. Wer war hier der Gegner, wen oder was vertrat er? Und was hat das alles mit meiner Überzeugung zu tun?

»Lies bitte«, ersuchte ich Dana. »Ehe uns etwas dazwischenkommt.«

Und sie las mit ihrer ruhigen, in hörbarem Halbgeflüster geübten Stimme von der Feier im eisigen Sibirien, wo jeder einen an der Front gefallenen oder in Gefangenschaft geratenen, gefolterten oder umgebrachten nahen Menschen beweinte.

Ich wanderte langsam von Ecke zu Ecke, fünfeinhalb Schritte hin und fünfeinhalb Schritte her, mein Herz ärgerte mich ein bißchen, und das Atmen fiel mir schwer. Mein Gott, ein solcher Krieg, so viel Leid, und ehe noch die letzten Tränen getrocknet werden konnten, eine neue Katastrophe. Kaum haben wir aufgeatmet und uns an die Hoffnung geklammert, daß fortan niemand mehr unschuldigen Menschen ihre Freiheit rauben darf …

»… Jetzt betrat Stalin abermals die Tribüne. In diesem Augenblick gab es für Alexej nichts als die Stimme Stalins. Diese Stimme erfüllte ihn mit Glauben und Willen«, las Dana.

Ich blieb während eines Schrittes stecken. Konnte das wirklich so sein? Die Stimme Stalins. Auch in einer Todeszelle, vor Folterern, unter dem Galgen? Was half da? Vielleicht der Glaube an einen unbekannten, nur geahnten, vielleicht nur ersehnten Gott.

»Einige Minuten währte im Lautsprecher der Sturm des Beifalls. Auch hier, fern von Moskau, inmitten der tiefen Nacht, applaudierten dreihundert im hölzernen Klubraum am Ufer des Adun versammelte Menschen aus allen Kräften Stalin.«

Ihr Applaus dröhnte in meinen Ohren, erfüllte meinen ganzen Kopf. Zum ersten Mal dachte ich: Warum nur Stalin? Und all die anderen? Die Soldaten in der Hölle an der Front und meine Schwester vor der Gestapo? Und jeder, der sich für die Sowjetunion quälen und erschlagen ließ? Warum nur Stalin? Sie verhören und peinigen mich unter seinem Bild. In der riesigen Sowjetunion weiß man vielleicht nichts davon, aber er?

»Du regst dich irgendwie auf, bist käseweiß im Gesicht.« Dana blickte mich mit ihren grauen Augen besorgt an. »Soll ich weiterlesen?«

»Ja, bitte.«

»Das Geräusch im Lautsprecher ebbte ab, wurde von den feierlichen Klängen der Hymne abgelöst. Dann trat Stille ein.«

Ich lehnte mich an die Wand, faltete ungeachtet des Verbots die kalten Hände hinter dem Rücken. Die »Internationale«. Und das sonderbare Gefühl, in ihr versunken zu sein, wenn sie eine große Menschenmenge erbeben ließ. Wenn sie wie ein Hauch hinter Stacheldraht gesummt wurde.

Plötzlich schlug ich beide Hände vor das Gesicht. Was war los mit mir? Ich höre sie ja, höre sie mit einemmal ganz deutlich.

»Dana, ich weiß nicht«, sagte ich unsicher, »aber mir scheint ...«

»Beruhige dich, ich höre es auch«, antwortete sie ungerührt.

Es war keine Täuschung, auch nichts Rätselhaftes, nur eine absurde, irrsinnige Lage. Das Gefängnispersonal, die Aufseher und Ermittler, der wie aus einem chinesischen Märchen herausgepurzelte einfältige Dicke und sein böser Nachfolger, das Prachtexemplar, der Mann mit den blitzenden goldenen Rangabzeichen und die schnippischen Mädchen an den Schreibmaschinen, die gesamte Zuchthausmannschaft beschloß soeben ihre Feier der Großen Sozialistischen Oktoberrevolution mit dem Gesang der »Internationale«. Das mächtige Gebäude hielt den Atem an. Die gefangenen Kommunisten in den Zellen horchten auf.

Der Winter brach an. Die Stille draußen wurde noch stiller. Vor der Milchscheibe des Lüftungsvierecks schwebten lautlos irgendwelche Punkte durch die Luft. Es schneite. Obwohl ich es nicht sehen konnte, vermeinte ich es in der lautlosen Stille zu hören, ahnte den wundersamen Tanz der schimmernden Flocken.

Als sehr junges Mädchen, aber schon angestellt und zu öder Büroarbeit verdammt, zog ich einmal, nicht zu Weihnachten, sondern an den freien Ostertagen ganz allein mit den Skiern auf der Schulter ins Riesengebirge, wollte dort zu meinen Freunden stoßen. Unterwegs schlossen sich mir zwei Männer an, der eine war jung, der andere schon ein bißchen älter. Beide waren Eisenbahner. Sie staunten, daß ich allein durch den Schnee stapfte. »Tüchtig«, meinte der jüngere anerkennend. Wir blieben zusammen, verbrachten drei unbeschwert fröhliche Tage miteinander, schliefen in den Massenquartieren der Skihütten, teilten Wurst- und Käsebrote, kochten Tee und kehrten einmal, nur einmal, zu einem richtigen kräftigen Abendessen in der Baude auf dem Fuchsberg ein. Ich hatte den beiden meinen Vornamen genannt und wußte, daß ich mit einem Pavel und einem Milan unterwegs war. Als wir uns am dritten Abend auf dem Bahnhof in Hohenelbe-Vrchlabí trennten, denn die beiden waren nicht aus Prag, gab es herzliche Umarmungen und einen Haufen guter Wünsche. Adressen wurden nicht getauscht. Wir hatten uns prächtige Ostern beschert, und das war so viel, daß sich keiner von uns nach mehr sehnte.

Eine andere Schnee-Erinnerung liegt in meinem Gedächtnis noch weiter zurück. Da war ich noch ein Kind, und in Prag, wo es früher viel kälter zu sein pflegte als in den letzten Jahren, herrschte ein besonders frostiger Winter. Ich mußte sogenannte Schneeschuhe tragen, was ich haßte, denn man mußte sie über die Schuhe stülpen und hatte dann schwere und plumpe Füße, mit denen man zwar ganz schön trampeln, sich jedoch nur mühsam schneller vorwärts bewegen oder gar laufen konnte.

So ausgerüstet, wurde ich mit meiner kleinen Schwester eines Tages auf die Karlsbrücke spazierengeführt. Dort lag der Schnee knöchelhoch, knirschte hörbar unter den »Elephantenfüßen«, was uns gefiel, war jedoch glatt, und wenn man ausrutschte, konnte man leicht ein Bein brechen. Wahrlich, ein allseitig vielversprechender Spaziergang.

Auf einmal donnerte es gewaltig. Donnerte und krachte, und alle Menschen eilten an das Brückengeländer und starrten hinunter auf die völlig zugefrorene Moldau.

Wir beide, meine Schwester Alice und ich, waren nicht groß, eher schmächtig, aber ganz flink. So schlängelten wir uns, heftig trampelnd, durch die gaffenden Menschen an den Brückenrand und blickten erwartungsvoll in die Tiefe. Da krachte und donnerte es erneut. Am Flußufer war eine Kanone postiert und böllerte auf die riesigen Eisschollen, die sich zu sonderbaren Gebilden türmten, vorwärts schoben und die alte Brücke sichtlich gefährdeten.

»Passiert den Entchen nichts?« sorgte sich meine kleine Schwester. Im Sommer wurden wir zum Entenfüttern an den Fluß geführt.

»Die sind unter dem Eis«, beruhigte ich sie.

»Aber auf das Eis wird doch geschossen.«

»Eben«, bemerkte ich kurz, denn ich war älter, und die Fragen der jüngeren belästigten mich, wenn ich keine Antwort wußte.

Ein neues Donnergetöse ließ die Luft erbeben. Man konnte auch kurze Blitze wahrnehmen, und die Eisberge unter der Brücke stoben zum Teil auseinander, schossen in die Höhe, rollten auf der zugefrorenen Wasserfläche ein Stück weiter.

»Und die Entchen?« Meine kleine Schwester ließ nicht locker und blickte mich vorwurfsvoll an.

»Die sind schon in Afrika«, erklärte ich entschieden, um der lästigen Fragerei ein Ende zu setzen.

»Hingeflogen?«

»Hingeflogen. Und wir fliegen jetzt nach Hause. Hast du keinen Hunger?«

Den hatte sie zum Glück, und so überzeugten wir unsere gebannt in der Nähe stehende Mutter zum Rückzug.

»Das war ein schöner Spaziergang, nicht wahr?« sagte sie, unverkennbar Anerkennung heischend. »So etwas habt ihr noch nie gesehen. Gibt es ja auch nur selten.«

Damit stimmten wir überein und schleiften erleichtert unsere Elephantenfüße auf den Heimweg.

Die tanzenden Punkte schwebten immer noch vor dem Lüftungsviereck unter der Decke.

Im Gefängnis ist es besonders nachts bitterkalt. Bei einem kontrollierenden Blick in die Zelle war der Aufseher in einen dicken Pelzmantel gehüllt, seine Füße steckten in hohen Filzstiefeln. Die Untersuchungshäftlinge mußten weiterhin barfuß in feuchten Halbpantoffeln laufen und in ihren dünnen Zwillichanzügen frieren. Es war so kalt, daß man die ganze Nacht wach blieb. Auch Dana, die immerhin einen Pullover und Wollsocken hatte, konnte nicht schlafen. Ein fremdes Geräusch unterbrach die üblichen Laute unserer Gefängnisnacht. Etwas lag in der Luft.

Plötzlich ratterten Motoren schwerer Fahrzeuge auf dem Hof. Im Leerlauf? Mitten in der Nacht?

Dann hörten wir eilige Schritte in festen Schuhen. Zellen wurden aufgeschlossen, Stimmen wurden laut. Noch mehr Schritte und abermals: Zellentüren knarrten, befehlende Stimmen. Auch müde Schritte von Untersuchungshäftlingen. Ein kurzes Kommando, Gitterrasseln.

Was konnte das bedeuten? Kein Aufzug surrte, niemand wurde nach oben zum Verhör transportiert.

Wohin brachte man die Gefangenen?

Mein Herz begann gegen die Rippen Sturm zu laufen. Ich legte meine eiskalte Hand auf die Brust, aber das half nicht.

Scheinwerfer glitten über die Ränder des Lüftungsvierecks. Der starke Strahl einer großen Taschenlampe unterbrach das trübe Licht in der Zelle. Wir wurden in kurzen Intervallen kontrolliert.

»Das muß etwas Großes sein«, flüsterte Dana, ohne die Augen zu öffnen, »wahrscheinlich bringt man eine ganze Gruppe zum Gericht.«

»In der Nacht?« flüsterte ich zurück.

»Klar. Tagsüber könnte so ein Transport in den Straßen unangenehm auffallen.«

»Aha.« Mehr brachte ich nicht hervor, mein Hals war ganz trocken.

Als der Wachhabende am Morgen zu uns hereinblickte, hatte er über den Pelzmantel eine Maschinenpistole umgehängt. Sonst trugen sie nur einen Revolver.

Viel später, erst geraume Zeit nach meiner Entlassung, konnte ich rekonstruieren, daß in jener Nacht der berüchtigte Slánský-Prozeß begonnen wurde.

Kurz danach – aber gibt es im Gefängnis überhaupt ein kurz danach? – mußte wohl Weihnachten sein. Einen Kalender sahen wir natürlich nie, aber eines Tages stand ein Karton mit Weihnachtsgebäck vor unserer Zellentür, dessen Absender Danas brave Schwägerin war. Ich bekam weder Brief noch Paket, denn ich durfte nichts empfangen. Aber das sagte man mir nicht. Es gehörte zum System, den Untersuchungshäftling in der Annahme zu halten, daß sich alle von ihm abgewandt haben, einschließlich seiner Nächsten, daß er auf der Welt ganz allein geblieben ist, weil er sein bisheriges Leben verraten hat, falls es wirklich einmal von Idealen erfüllt war. Jetzt ist alles ausgelöscht, vergeblich und verloren. Zurück bleibt nur Haltlosigkeit, Leere, Nichts.

Wäre es da nicht vernünftiger, wiederholte der Referent, der Bösewicht aus dem chinesischen Märchen, ständig, wäre es nicht gescheiter, die einzig mögliche Lösung zu ergreifen und ein Geständnis abzulegen? Alle anderen haben es ja schon getan, haben sich zu allem bekannt. Haben die Schlußfolgerungen der Untersuchungsorgane akzeptiert, die doch eine ganz andere, viel weiter gespannte Übersicht haben. Die schlossen übrigens sogar die Möglichkeit nicht aus, daß so ein unbedeutendes Schräubchen wie ich nicht einmal alle Zusammenhänge kannte.

»Sie waren jedoch zumindest ein Instrument, und jetzt schützen Sie mit Ihrem Schweigen und Leugnen überführte Verbrecher. Wo bleiben da Ihre Ideale, wo bleibt Ihre sogenannte aufrichtige Überzeugung? Wer soll Ihnen glauben? Ehrliche Menschen haben Sie schon längst durchschaut«, erklärte das Prachtexemplar zynisch, »die wissen bereits, mit wem Sie zu tun hatten. Jetzt ist bald Weihnachten – und niemand hat sich an Sie auch nur erinnert.«

Es heißt, Lügen haben kurze Beine. Manche balancieren aber auf hohen, dünnen Stelzen. Ich wußte, mein Mann denkt an mich und mein kleines Mädchen ... Kann ein Kind seine Mutter vergessen? Es wäre mir beinahe lieber gewesen, ein Kind soll sich nicht quälen. Ich aber quälte mich, mußte dabei, ohne mich dagegen wehren zu können, an all die Mütter denken, die gewaltsam von ihren Kindern fortgerissen wurden. Wie können Menschen, Männer, die selbst Kinder haben, Frauen unbarmherzig so etwas antun? Den uferlosen Schmerz einer Mutter kann nichts verwischen, da helfen selbst Tränen nicht.

Als ich nach der langen Haft endlich wieder zu Hause war, erzählte mir mein Mann, er habe unserem Töchterchen zu Weihnachten eine Puppe gekauft und erklärt, ich hätte sie ihr geschickt, und sie sei doch gerade die, die ihr im Schaufenster so gut gefallen habe. Die Kleine schwieg. Er fingierte auch Briefe von mir, bis ihn das Kind eines Tages fragte: »Und warum telefoniert uns die Mama nie?«

Es war nicht zum ersten Mal, daß ich Weihnachten in einer Zelle verbringen mußte. Während des Krieges gab es im

Gefängnis in Paris an diesem Tag etwas aufgebesserte Kost und sogar einen kleinen Stollen. Nichts dergleichen im sogenannten sozialistischen Gefängnis. Aber Dana teilte mit mir die Leckerbissen aus ihrem Weihnachtspaket. Ansonsten verboten wir uns alle entmutigenden Gefühle. Die Kälte war groß, und es ging darum, diesen Winter zu überstehen, durchzuhalten.

»Wir haben noch vier Schokoladenplätzchen«, überschaute Dana ihre Vorräte, »zwei für jede. Das verlangt allerdings einen guten Augenblick. Kannst du mir nicht etwas weihnachtlich Hübsches erzählen?«

Ich stöberte im Vorrat meiner Erinnerungen nach etwas Erwärmendem, bis ich …

»Also gut, hör zu!

In Mexiko ist es zu Weihnachten warm. In den Gärten blüht und duftet es, man kann die stille und heilige Nacht gut und gern im Freien verbringen. Uns Europäer hat das ein bißchen eigenartig berührt, noch fremdartiger war, was die Kinder dort erwartet. Kein Weihnachtsbaum und darunter Geschenke. Die kleinen Mexikaner feiern mit einer Piñata. Das ist ein größeres, manchmal sogar sehr großes Tongefäß, das kunstvoll verkleidet ist, wobei der Phantasie und Freude am Erfindungsgeist freier Lauf gelassen wird. So kann eine Piñata wie ein Ungeheuer aussehen oder wie eine verführerische Schönheit, wie ein Matrose oder ein Schwan. So überraschend ausstaffierte habe ich wirklich gesehen. Diese Kreationen der Volkskunst werden zwischen zwei Bäume gehängt, und, man sieht es ihnen nicht an: Sie sind voll von Süßigkeiten und auch kleineren Geschenken. Wenn die richtige Stunde gekommen ist, werden die Kinder mit Holzstäben ausgerüstet, mit denen sie auf diese Weihnachtshampelmänner losschlagen. Die gewählte Figur wackelt erst einmal, klirrt und klingt, birst schließlich und überschüttet die Kinder mit einem Regen von Süßigkeiten und Geschenken.«

»Schön«, sagte Dana, »ich habe wirklich Glück, du bist eine geborene Erzählerin. Mir wurde beim Zuhören schon etwas wärmer, nur die Füße sind noch kalt. Wie war Neujahr in dem Märchenland?«

»Gut und Böse gibt es natürlich auch dort, was ja schließlich zu einem Märchenland gehört.« Dabei mußte ich mich an etwas ganz Bestimmtes erinnern und lachte ein wenig.

»Erzähl schon«, drängte Dana, »dann lachen wir beide, und die hiesigen Hampelmänner, ich meine die vor unserer Tür, werden uns beneiden.«

»Die vor unserer Tür können mir gestohlen werden«, erklärte ich ein bißchen übermütig, in den einstigen Erlebnissen versponnen. »Zu Neujahr ging es in Mexiko sehr ausgelassen zu und sehr laut dazu. Die arme Gisl Kisch, die Frau des rasenden Reporters, war erstaunlicherweise eine etwas ängstliche Person. Kurz vor und nach Neujahr wagte sie sich deshalb nur sehr ungern auf die Straße, weil sie fürchtete, auf die Knallerbsen zu treten, die überall reichlich verstreut waren und natürlich einen ganz schönen Schreck auslösten, wenn sie einem mit großem Krach unter den Füßen platzten.«

Die Zellentür flog auf. Ein sehr junger Aufseher stand auf der Schwelle: »Was ist los?« fauchte er. »Was gibt es zu lachen?«

»Hier? Nichts«, antwortete ich. »Wir haben uns bloß an etwas erinnert.«

»Bald wird Ihnen das Lachen vergehen. Jetzt melden Sie sich erst einmal ordentlich!«

»Zwei Untersuchungshäftlinge Nr. 2814 und ...«

Er schlug die Tür zu.

»Der ist wütend, weil er heute Dienst hat, anstatt irgendwo zu feiern«, meinte Dana.

Am Abend ging dann ein Hexenkessel los. In der Neujahrsnacht wurde mit besonderer Wucht an die Metalltüren gepoltert.

»Umdrehen, das Gesicht zur Tür! Die Hände! Tempo, Tempo! Die Hände auf die Decke! Soll ich Ihnen assistieren kommen? Sie dort, die zweite, warum schlafen Sie nicht?«

Dazwischen hörten wir auch zorniges Geflüster: »So ein Pech! Silvester hier mit denen! Die schnarchen gemütlich, und unsereins muß sie bewachen. Statt irgendwo ordentlich zu saufen! – Umdrehen! Aber schnell, sonst komme ich Ihnen helfen!«

All das kannten wir schon und verstanden bereits damit zu leben. So waren wir auch imstande, uns zuzulächeln, als wir annahmen, es sei gerade Mitternacht. Ein neues Jahr, Mädchen, wer weiß ...

Am Morgen tranken wir einander dann noch mit den mit einem lauen Gebräu gefüllten Eßschalen zu. Dana sagte:

»Nicht zu glauben! Schon zum dritten Mal verlebe ich Neujahr hinter Gittern. Am Ende werde ich mich noch daran gewöhnen, und es wird mir einmal fehlen.«

»Ich möchte mich lieber an Besseres gewöhnen. Bei mir ist es übrigens auch schon zum dritten Mal, die beiden ersten Erfahrungen waren allerdings anders. Einmal Einzelhaft, einmal Internierungslager, na und jetzt hier.«

Am Mittag wurde Dana zum Verhör geholt. Das gab es auch sonntags oder an einem Feiertag, wenn es die Untersuchungshäftlinge am wenigsten erwarteten. Ich blieb bis zum Abend allein, verschränkte die Hände hinter dem Rücken und wanderte von Ecke zu Ecke, fünfeinhalb Schritte hin und fünfeinhalb Schritte her. Ließ Erinnerungen freien Lauf, wehrte mich nicht gegen sie, selbst als sie mich mit brennender Sehnsucht überschwemmten.

Mein Kind, mein kleines Mädchen.

Mein Mann.

Und Menschen und Luft und Bewegung, Lachen und die Folge von Tag und Nacht, von Licht und Dunkel, das ganze bittere und süße Wunder, das man schlicht als Leben bezeichnet.

Vor der Katastrophe des zweiten Weltkrieges verbrachte ich den Neujahrstag meistens beim Skilaufen. Am häufigsten in einer Hütte der Naturfreunde auf der Königshöhe im Isergebirge. Wenn wir um Mitternacht mit einem Weinglas in der Hand ins Freie stürmten, glitzerten am dunklen Himmel die Sterne, und im Tal grüßten leicht flimmernd die Lichter der Glasperlenstadt Gablonz zu uns herauf. Wir waren jung, silvesterfröhlich, verliebt und glücklich. Zugleich nicht unbekümmert sorglos, nicht taub gegenüber dem aufziehenden Grollen und den allgegenwärtigen Drohungen der Zeit. Nicht ahnungslos – aber eben jung und entschlossen, Unheil nicht einfach hinzunehmen. In der damaligen Zusammensetzung könnten wir, nicht allein wegen der inzwischen vergangenen Zeit, nie wieder beisammen sein.

Da war Kurt, von Beruf Journalist und in seiner Freizeit ein begabter Pianist, klug und gebildet, heißherzig und bei Diskussionen schwierig widerlegbar, überzeugter Revolutionär – er hat im Nazizuchthaus sein Leben selbst beendet. Friedl, ein junger Advokat, tapfer, oft übermäßig heftig, sich selbst gegenüber sehr streng, in ruhigen Stunden überraschend träumerisch – er fiel im Spanischen Bürgerkrieg auf seiten der Republikaner. Louis, ein Dichter aus Karlsbad, bekannt für seine kämpferische Lyrik, aber auch Autor zarter Liebesgedichte – er starb in Weimar und ruht auf demselben Friedhof wie der junge Schiller und der alte Goethe. Und Gema, vorbehaltlos der internationalen Arbeiterbewegung ergeben und gläubiger Kommunist – den quälten jetzt irgendwo in diesem Bau seine einstigen Genossen. Wir Mädchen waren in jenen Jahren noch nicht so nachdrücklich profiliert. Wenn ich jedoch meinen eigenen Weg mit all seinen Windungen und überraschenden Umbrüchen überblicke, reiht er mich geradezu selbstverständlich wiederum unter meine damaligen Gefährten ein.

Nicht allzu lange nach jenem letzten Skiaufenthalt auf der Königshöhe verbrachte ich eine Neujahrsnacht zu Hause, am Tisch meiner Mutter. Sie hatte einen Apfelstrudel gebacken, und als sie ihn aufschnitt, zitterten ihre Hände. Niemand sprach es aus, aber alle in dem stillen

Zimmer mit dem heißen Apfelduft in allen Ecken ahnten, daß dieses neue Jahr das Ende von allem mit sich bringen konnte, das es bisher gab, und den Anfang von etwas sehr Bösem, das jetzt schon unabwendbar war.

Zweimal mußte ich ein neues Jahr als Häftling beginnen. 1940 im Pariser Gefängnis La Petite Roquette in der Nähe der Bastille, vielleicht sogar in derselben Zelle, in der während des ersten Weltkrieges eine schöne Tänzerin, die Spionin Mata Hari, auf das Erschießungskommando wartete. Unsere Aufseherinnen grüßten respektvoll eine sehr alte Nonne, von der in der ganzen Anstalt gemunkelt wurde, sie habe die Tänzerin zur Hinrichtung begleitet. In jener Zelle verbrachte ich ein halbes Jahr uferloser Einzelhaft, aber am 1. Januar durfte ich mir aus der Kantine ein Glas Wein bestellen und mit mir selbst anstoßen: Die Gedanken sind frei …

Das Neujahr 1941 habe ich mit meinen Mitgefangenen im Frauenlager Rieucros gefeiert. Ohne Wein, aber auch ohne drückendes Alleinsein. Ich verfaßte über unser Leben ein hoffnungsvolles Gedicht, und als ich es in der Baracke inmitten der still lauschenden Frauen, an einen rauhen Holzpfahl gelehnt, vortrug, mußte ich an die Menschen denken, die mir lieb, aber weit weg waren und die ich wiedersehen wollte. Wie weit weg sie waren, konnte ich zum Glück nicht ahnen.

Viermal habe ich ein Neujahr in Mexiko verlebt, wohin mich die unvorhersehbaren Kriegsschicksale verschlagen haben. Das erste Mal, 1942, im Haus der einstigen spanischen Abgeordneten und Schriftstellerin Margarita Nelken. Ich war damals knapp zwei Wochen in dem schönen Land, zwei Wochen ohne Angst vor der Gestapo, zwei Wochen in Sicherheit, unter Lichtern, ohne Hunger.

Am Tisch der kurzsichtigen Margarita saßen ihre Mutter, in der Art alter Spanierinnen ganz in Schwarz gekleidet, und Magda, die Tochter der Schriftstellerin, eine junge Frau mit schönen tiefschwarzen Augen. Auch der schweigsame Gatte der Nelken, ein spanischer Aristokrat mit einem länglichen

Gesicht und nervösen Händen, war da sowie zwei weitere Landsleute der Hausfrau. Über einem guten Essen und vorzüglichem Wein entspann sich ein ruhiges Gespräch über die Kriegslage, den kürzlichen Besuch Margaritas beim mexikanischen Präsidenten General Manuel Avila Camacho, dem sie für die Hilfe danken gekommen war, die Mexiko den Flüchtlingen aus dem besetzten Europa gewährte.

Waren es wirklich erst einige Wochen, seit ich meinen unsicheren, halb illegalen und unfreiwilligen Aufenthalt in Marokko beenden konnte? Einige Wochen, da ich keine Verbindung mehr mit meinen in den Wüstenlagern Djelfa, Bou Arfa, Colom Béchar internierten Landsleuten, tschechoslowakischen Freiwilligen der Internationalen Brigaden in Spanien, hatte? Wieso war ich in Sicherheit, während so viele mir nahestehende Menschen an jedem Tag, in jeder Stunde weiterhin in Todesgefahr schwebten?

Und wieso waren die langen Monate, die ich ungewollt und nur halb legal in Casablanca verbracht habe, trotz ständiger Gefährdung und permanentem Geldmangel, trotz Krankheit und Einsamkeit ein so bereicherndes Erlebnis? All das ging mir an Margarita Nelkens Neujahrstafel durch den Kopf. Ihre Tochter Magda schenkte mir beim Abschied ein dunkelblaues Kleid mit weißen Pünktchen und einen leichten Überwurf aus dünnem Stoff. Ich zögerte, obwohl ich nichts dergleichen, sondern nur ein einziges verwaschenes Sommerkleid besaß. »Nimm nur«, drängte Magda und betrachtete mein beträchtlich strapaziertes Kleid, das den ganzen Afrikaaufenthalt tapfer überstanden hatte, mit mitleidig kritischem Blick. »Du machst mir damit eine Freude.«

»Kommen Sie wieder, meine Liebe«, sagte ihre Mutter, »und warten Sie ja nicht bis zum nächsten Neujahr.«

Dana blieb lange weg. Ich hatte mich an das vierundzwanzigstündige Zweisein in allen Phasen unserer harten Existenz schon gewöhnt, hatte bereits meine Hemmungen überwunden und war froh, nicht mehr in absolute Einsamkeit verbannt zu sein. Eine Unterbrechung tat mir dennoch wohl. Das ganze Zuchthausgetriebe schien in solcher Stunde von mir abzurücken, selbst die Zuflucht in die Parabel des chinesischen Märchens war wie ausgelöscht. Erinnerungen an meine wahren Erlebnisse nahmen von mir Besitz. Ich war ja nicht Nummer 2814, ich war ein Mensch unter Menschen, geprägt von – gewiß auch anfechtbaren – Erfahrungen, die in der Losgerissenheit jetzt unaufhaltsam auf mich einstürmten.

Am ersten Neujahrstag nach dem Krieg, im Januar 1946, war ich mit meinem Mann in Belgrad bei seinem Freund aus gemeinsamen Jahren in Spanien, dem Arzt und späteren Oberst der jugoslawischen Partisanenarmee Dr. Djuro Mešterović, eingeladen. Er lebte in seinem Haus mit seiner Mutter und der Schwester Julka.

Im orthodoxen Serbien wird der Neujahrstag am 6. Januar gefeiert. Auf dem Tisch stand eine große Schüssel, und in ihr lag ein gebratenes Ferkel. Ein ganzes Spanferkel, dessen starres blaues Auge, so schien es mir, auf mich gerichtet war. Ich wandte mich schnell ab. In dem großen Zimmer hüpfte eine blonde Kleine umher, die ganz anders aussah als die übrigen Mitglieder der Familie. Sie nannte Julka Mama. Die alte Frau Mešterović merkte, daß ich das Kind beobachtete.

»Setzen Sie sich zu mir, meine Gute«, sagte sie und faßte meine Hand. »Ich erzähle Ihnen, was so alles geschah. – Während des Krieges war ich in einem Lager interniert. Eines Abends suchten mich dort zwei Frauen auf. Ich solle schnell kommen, sagten sie, eine Unglückliche, die morgen hingerichtet werden solle, wolle mit mir sprechen. Sie führten mich zu einem hohen Bretterzaun, hinter dem die Verurteilten gehalten wurden.

Ich hockte mich auf die Erde und flüsterte: ›Hier bin ich.‹

›Bist du die alte Mešterović?‹ fragte eine Frauenstimme von der anderen Seite. ›Die Mutter von Djuro und Julka?‹

›Ja, die bin ich.‹

Da vertraute mir die Arme an, sie habe ihr nur einige Monate altes Töchterchen bei verläßlichen Menschen versteckt, mit der ausdrücklichen Anweisung, das Kind nur jemandem von uns dreien zu übergeben, nur dem Djuro, der Julka oder mir. Sie bat mich, ihr zu versprechen, daß wir die Kleine zu uns nehmen werden. Ich habe es ihr geschworen. Saß die ganze Nacht bei ihr, bei dem Bretterzaun, der zwischen uns war. Sie wußte es, denn als der Tag anbrach, sagte sie: ›Nun, lebe wohl und danke.‹ Ich sagte darauf: ›Hab keine Angst um das Kind‹, und stopfte mein Kopftuch in den Mund, damit sie nicht hörte, daß ich weinte.

Als der Krieg aus war, haben wir die Kleine gesucht, und jetzt gehört sie zu uns. Ich habe ihre Mutter nie gesehen, nur meine Kinder kannten sie. Aber nachts höre ich manchmal ihre Stimme, wie sie fragte: Bist du die alte Mešterović? – Na, und das ist alles.«

»Sagen Sie über Ihre Kontakte in Jugoslawien aus, aber alles, rate ich Ihnen!« wurde ich von dem dicken Gutsbesitzer und dem Prachtexemplar andauernd aufgefordert. Von der Mešterović und ihrer kleinen Enkelin sagte ich ihnen nichts.

Fünfeinhalb Schritte hin und fünfeinhalb Schritte her. Was alles ist schon in mein Leben eingegangen, wie viele Menschen, wie viele Freuden und Schmerzen – und dabei war es in diesem nachdenklichen Augenblick noch gar nicht so lang, sechsunddreißig Jahre mit allen Farben der Sonne, auch mit allen Farben der Nacht. Allein das, dem ich jetzt hier ausgesetzt war, das hätte es niemals geben dürfen.

Schritte im Korridor, die Zellentür ging auf. »Zelle Nummer 59 …« Dana wurde zurückgebracht. Ich reichte ihr den Eßnapf mit der kalt gewordenen, »Kaffee« genannten Brühe und eine Stulle mit einem haardünnen Streifen Marmelade. Unser erstes Abendbrot im neuen Jahr 1953.

Einige Wochen später überlebten wir gemeinsam Danas bitteren dritten Geburtstag hinter Gittern. Sie war nun achtundzwanzig Jahre alt, ihr Vater schon lange tot, ihre Mutter starb, während sie in Haft war, ihr einziger Bruder war verheiratet, seine Frau war die gütige Spenderin der rar bewilligten Lebensmittelpakete. Es schien, daß niemand mit ausgesprochener Sehnsucht auf Dana wartete.

»Was wirst du tun, wenn sie dich entlassen?« fragte sie mich eines Tages und sprach damit laut aus, woran sie wohl im stillen oft denken mußte. Um nicht zu verraten, wie sehr sie diese Unsicherheit beunruhigte, fügte sie noch hinzu: »Ich werde mir nämlich vor allem eine Portion Schinken spendieren und dazu zwei knusprige Brötchen.«

»Mache ich auch«, sagte ich lachend, weil hinter diesem sorglosen Ton ihre bange Unruhe mitschwang, »aber das kann bestenfalls nur die erste Viertelstunde ausfüllen. Dann werden wir etwas anderes tun müssen. Ich zum Beispiel werde zu meinem Kind und dem Mann rennen und sofort Arbeit suchen, was unter den gegebenen Umständen wahrscheinlich nicht gerade einfach sein wird. Gleichzeitig werde ich meinen persönlichen Fünfjahresplan in Angriff nehmen.«

»Was wirst du in Angriff nehmen?« Jetzt erwog offenbar Dana, was ich vor ihr zu vertuschen versuchte. »Das kann doch nicht dein Ernst sein?«

»Na nicht so wörtlich. Eine gewisse Zeit werde ich wohl ein bißchen in einem luftleeren Raum leben. Man wird mir ausweichen, nicht wissen, was man mit mir anfangen soll. Irgendeine Arbeit werde ich ja wohl bekommen müssen, aber ich bin Journalistin und will es wieder sein. Auch wenn das Prachtexemplar und alle Herrschaften da oben noch so wild gegen mich toben. Und ich war Kommunistin, wie das weitergehen soll, weiß ich allerdings nicht.«

Dana riß die Augen auf. »Daran denkst du hier und jetzt?«

»Ja. Ich habe diesen Schritt als ganz junges Ding unternommen, als ich die Schule verlassen mußte, um meinen

Lebensunterhalt zu verdienen. Damals hat mich das Experiment, eine neue, sozial gerechte Gesellschaftsordnung aufzubauen, ungemein angesprochen.«

»Das könnte ich noch verstehen, aber deine Genossen haben dich bis hierher gebracht im Namen eurer gemeinsamen prächtigen Partei, das kannst du doch nicht leugnen.«

»Will ich ja gar nicht. Ich klammere mich nur an das Grundlegende, an das Ideal einer allumfassenden Gemeinschaft ohne Eroberungskriege, Rassenunterschiede und …« Meine Stimme schwankte.

»Das sagst du hier? Wo sie dich doch …«

Jetzt schwankte auch der Boden unter meinen Füßen. Aber noch wollte ich meine Jugendhoffnung nicht ganz aufgeben.

»Du hast recht. Das Prachtexemplar, der General oder was für ein hohes Tier das war, die brüllen mich an, sind auch Antisemiten, sind meine Feinde. Warum das so ist, kann ich mir nicht erklären. Als ob man mir einen Pflock in den Kopf treiben, normalem Denken einen Riegel vorschieben wollte.«

»Schon gut«, sagte Dana leise, »heul nicht.«

Ich trocknete meine Augen am Ärmel des Zwillichkittels. »Brecht sagte irgendwo vom Kommunismus, er sei das Einfache, das schwer zu machen ist. Und ich frage mich allmählich, ob überhaupt.«

»An allem ist die Sowjetunion schuld«, erklärte Dana, »von dort hat man das ganze Unglück zu uns importiert.«

Dagegen war nichts zu sagen. Aber war das immer so? Mit einemmal sah ich die große Landkarte vor mir, die in Mexiko an der Wand meines Arbeitsraumes in der tschechoslowakischen Exilbotschaft hing und an der ich mit einer dünnen roten Schnur täglich mit Stecknadeln die Bewegung der Fronten verzeichnete. Das war lange Zeit trostlos. Die Wehrmacht schien unaufhaltsam vorzurücken. Bis sie endlich steckenblieb. Als sie in Stalingrad geschlagen wurde, läuteten im fernen Mexiko die Kirchenglocken, und nicht nur die exilierten Europäer umarmten einander in den Straßen. Unter den Sombreros der Indios erstrahlten ihre dunklen Augen. »Victoria de la libertad«, jubelten sie, »die Freiheit hat einen Sieg errungen.« Auch die amerikanischen Kriegskorrespondenten im bedrängten Europa sandten nun hoffnungsvolle Berichte über den Ozean. Ich verschlang geradezu die Reportagen eines gewissen Ernie Pyle.

Zwischen Mexiko und der Sowjetunion wurden im Jahr 1930 die diplomatischen Beziehungen abgebrochen, als dem russischen Revolutionär Leo Trotzki, dem politischen Gegner Lenins und des Stalinschen Regimes, von der mexikanischen Regierung in ihrer Hauptstadt Asyl zugesprochen wurde. Während des Krieges Anfang 1942 wurde – Trotzki war im Jahr 1940 einem Mordanschlag zum Opfer gefallen – die Botschaft der UdSSR in Mexico Ciudad neu eröffnet.

Als ich am 7. November 1942 mit meinem Mann anläßlich ihres Staatsfeiertags zum Empfang in die sowjetische Botschaft kam, war eine der ersten Persönlichkeiten, der wir dort begegneten, der Maler Diego Rivera, der Leo Trotzki nach seiner Ankunft in Mexiko ein Haus zur Verfügung gestellt und damit Moskau empört gegen sich aufgebracht hatte. Jetzt stand man gemeinsam im Krieg gegen den Faschismus. Botschafter Konstantin Umanski, ein gebildeter, weltoffener Mann, der bald selbst mit seiner Frau Raïsa in einem nie aufgeklärten Flugzeugunglück ums Leben kam, hatte den großen mexikanischen Künstler eingeladen, und der war gern und bereitwillig gekommen.

Ich erwähnte das einmal bei einem Verhör. Mein Referent wies mich barsch zurecht. Ich solle sachlich sprechen, ermahnte er mich nachdrücklich, und nicht phantasieren. Solche Erlebnisse sind jedoch in mir fest verankert. Dabei konnte ich damals in Mexiko noch nicht wissen, daß die erschöpften und ausgehungerten Sowjetsoldaten Auschwitz und Ravensbrück befreien würden, zu spät für meine Mutter und die Schwestern, aber gerade noch rechtzeitig für viele halbtote Menschen.

Davon war mein Kopf und Herz voll, und deshalb konnten mich die manchmal schweigsam in einer Ecke den Verhören beiwohnenden Männer mit den länglichen Papirossi zwischen den Lippen nicht nur verstören, sondern auch eine ganz neue Angst in mir aufsteigen lassen. Zweifellos hätte ich schon viel früher gegenüber kritischen Stimmen wachsamer, gegenüber sachlich fundierten Einwänden empfangsbereiter sein sollen. Zu lange war ich nicht imstande, die Ideale meiner jungen Jahre, die Hoffnung nach so viel Unglück aufzugeben, zu lange wünschte ich inständig, daß die Farben der Sonne die Farben der Nacht überstrahlen. Ein Traum, der ohne Gnade verjagt wurde.

Die Tage tröpfelten trostlos dahin, und draußen brach abermals der Frühling an. Wir merkten es an drei Tatsachen. Die erste meldete sich ein wenig kurios. Dana wurde eines Tages wegen irgendeiner amtlichen Formalität ans andere Ende der Stadt transportiert, überraschenderweise sogar ohne verbundene Augen. So gelang es ihr, durch den Lüftungsspalt in dem ansonsten völlig geschlossenen Fahrzeug den Zweig eines blühenden Baumes zu erblicken. Nach ihrer Rückkehr erzählte sie mir einen ganzen Abend lang davon.

»Wahrscheinlich war es ein Aprikosenbaum, weißt du. Nein, bestimmt war es eine Aprikose, die blühen doch am frühesten.« Und kleinlaut fügte sie hinzu: »Mein Gott, schon wieder blühen sie!«

Die zweite Tatsache war nicht so lyrisch. Das Wachpersonal wechselte die schwere Winteruniform gegen eine leichtere Übergangsdienstkleidung aus.

Die dritte Tatsache setzte sich aus mehreren unzusammenhängenden Teilen zusammen. An einem Sonntagmorgen ertönte irgendwo in dem großen Gefängnis eine Geige. Jemand von den verurteilten kriminellen Zuchthäuslern, die in den Werkstätten und in der Küche arbeiteten, übte ein bekanntes Motiv aus der Oper »Dalibor« von Bedřich Smetana. Auch Dalibor ist ja ein Gefangener gewesen. Kurz darauf betrat ein Wachhabender unsere Zelle.

»Sie dort, los, kommen Sie!« Diesmal galt es mir.

Jemand führte mich mit verbundenen Augen durch unbekannte Korridore, jemand in einen unbekannten Raum. »Tun Sie das Zeug von den Augen!« In einer schmalen Tür, die, unbekannt, wohin, geöffnet war, stand zu meiner Überraschung der dicke Gutsbesitzer, der mich schon längere Zeit nicht mehr verhörte. Er nickte mir zu und sagte beinahe gemütlich:

»Wir gehen jetzt zusammen ein wenig raus.«

Da fühlte ich auch schon zum ersten Mal nach all den Monaten einen Hauch frischer Luft. Er war ziemlich kühl, eher kalt, gemahnte an Regen, Sonne, an Wind und ... Nein, nein, gebot ich mir streng, jetzt wird nicht erinnert, jetzt wird nur geatmet und tunlichst regelmäßig und tief. Aber ich zitterte vor Kälte in dem dünnen Kittel und barfüßig in feuchten Pantoffeln.

»Dort ist ein Mantel«, sagte meine Eskorte und wies in eine Ecke.

Offenbar ein Universalmantel für alle Körpermaße und Größen. Er fiel wie ein schwerer Sack auf meine Schultern. »Dort ist auch etwas für die Füße«, erfuhr ich und blickte verblüfft auf einen Haufen schmutzig grauer länglicher Stoffetzen.

»Das da?«

»Jawohl. Haben Sie noch nie Fußlappen gesehen?«

Nein, die kannte ich nur aus der russischen Literatur, bei Dostojewski, Turgenjew, Gorki. Ein bißchen mühsam brachte ich es in dem unförmigen, an mir herabhängenden Mantel fertig, meine Füße in die undefinierbaren Lappen einzuwickeln. Gut muß ich aussehen!

Dem »Spaziergang« der Häftlinge diente ein nicht gerade großer viereckiger Raum, umgeben von einer Mauer, mit einem Stückchen freien Himmels über dem Kopf. Zwischen dem Beton der Pflasterung sproß da und dort ein wenig Gras. Vielleicht hatte sich die Natur erbarmt und ein bißchen Grün in den trostlosen Raum verstreut. Ich entdeckte bei meinem Trott sogar ein Gänseblümchen. Falls ich einen Käfer finde, werde ich noch in diesem Jahr entlassen, versprach ich mir. Aber keiner ließ sich blicken. Hinter niedrigem Gemäuer ragten überall in gleichmäßigen Abständen gelbliche Gebäude mit vergitterten Fenstern in die Höhe. Ringsum ein lückenloser Stacheldrahtverhau, der das hiesige unwahrscheinliche Leben von dem anderen, dem normalen draußen, trennte.

»Wie ist das, haben Sie endlich Vernunft angenommen?« eröffnete mein Referent nach unserer zweiten Runde etwas unsicher ein Erziehungsgespräch.

»Wer weiß«, antwortete ich pythisch. Das Gesicht meines Begleiters verdüsterte sich. Er bemühte sich nicht weiter um eine Konversation, das tat nun ich.

»Kann ich Sie etwas fragen?«

»Na bitte.« Man hatte ihn ja angewiesen, jovial zu sein.

»Beim Anblick dieser riesigen Gebäude überlege ich, welchem Zweck sie wohl einmal dienen könnten. Es wird doch nicht ewig ein Gefängnis hier sein.«

»Solange Menschen wie Sie Lumpereien begehen …« Er stockte, schaute mich verblüfft an. »Was gibt es zu lachen? Sie scheinen ja heute großartig aufgelegt zu sein. Von dieser Seite kenne ich Sie noch gar nicht.«

»Und von welcher kennen Sie mich denn?« Jetzt lachte ich ihm voll ins Gesicht. Sein »menschliches Herangehen« war zu komisch. Zudem wirkte das bißchen frische Luft nach so langer Zeit wie ein Schluck Wein auf mich. Das war fast immer so, wie erst hier nach so vielen Monaten in der ungenügend gelüfteten Zelle. »Es ist Frühling, Herr Referent«, attackierte ich ihn weiter, »und demnächst kommt der Erste Mai.«

»Auf den müssen wir noch gute zehn Tage warten«, brummte er und lief rot an. Hatte er damit nicht zufällig etwas verraten?

»In zehn Tagen etwa ist der Erste Mai«, verkündete ich Dana nach meiner Rückkehr in die Zelle. »Man hat mich zum ersten Mal ausgelüftet, und dabei habe ich dem Dicken diese geheime Information entlockt.«

»Wirst du feiern?« spöttelte Dana.
»Das hängt von der gegebenen Lage ab.«

Die Lage war miserabel. Der Winter gab seine Herrschaft noch nicht auf, es schneite sogar noch ordentlich, aber die Heizung, die bislang wenigstens zwei Stunden am Morgen und zwei am Abend mäßig gewärmt hatte, blieb schon kalt. Die Kost wurde eher schlechter, die Verhöre mit dem Prachtexemplar nahmen zu, erschöpften, führten jedoch zu nichts.

Das Thema »deutsche Emigration« war längst nicht mehr auf dem Programm. Jetzt war von meinen »Kontakten« in Frankreich, Mexiko, Jugoslawien die Rede. Jeder Name war verdächtig, jede Freundschaft eine »Konspiration«, jeder Artikel, den ich geschrieben habe, »zweideutig« und im Wesen »feindlich«. Vergeblich zerbrach ich mir den Kopf, warum man aus mir partout einen »Zuträger der Imperialisten« machen wollte. Wem sollte das nützen und wozu dienen? Was wollte man damit erreichen? Wer hat überhaupt dieses Schlangennest erdacht und vor allem: Warum? Wenn ich nur daraufkommen könnte, warum!

Es wurde immer schwieriger, gegen Anfälle von Verzweiflung zu kämpfen. Sollte das alles noch Jahre dauern? Jahre ohne mein Kind und für mein Kind ohne seine Mutter? Das Prachtexemplar bekräftigte meine Befürchtungen. »Spielen Sie ruhig mit Ihrem Leben«, erklärte er wiederholt, »wir haben es nämlich überhaupt nicht eilig, wir behalten Sie hier, wie lange wir wollen. Sie können bei uns ruhig verschimmeln, falls Ihnen das zusagt.«

Meistens ließ er mich in den Abendstunden vorführen, denn, wie er einmal quasi nebenbei bemerkte, am Tag hatte er Wichtigeres zu tun. Er war ironisch, oft grob, dann wieder verdächtig höflich. Und ohne jede Lebenserfahrung, was er mit Überheblichkeit zu vertuschen suchte. Alles drehte sich in einem verfluchten Kreis ohne Ausweg.

»Nur über das Gericht«, lautete die bis zum Überdruß wiederholte Parole meines Prachtexemplars, das mir ergebnislos auch mit seinem angenehmen Äußeren zu imponieren versuchte. »Wie oft muß ich Ihnen das noch sagen. Nur über das Gericht, und dorthin führt der Weg nur über ein volles Geständnis. Da gibt es keine Wahl. Mit Schlauheit kommen Sie bei uns nicht weiter. Geständnis, Gericht und dann vielleicht die Perspektive auf ein absehbares Ende. Guter Wille ist ein erleichternder Umstand. Ansonsten? Muß ich ohne Ende wiederholen, daß wir Sie hierbehalten können, so lange wir wollen? Begreifen Sie doch endlich, daß es einzig und allein von Ihnen abhängt …«

»Und was soll ich gestehen?«

Sein hübsches Gesicht nahm einen häßlichen, lauernden Ausdruck an. »Bis wir erkennen, daß Sie Ihre Schuld eingesehen haben, können wir Ihnen dabei sogar helfen.«

»Ich verstehe nicht …«

»Wache, abführen!«

Manchmal brachte er mich am Morgen nach stundenlangem zermürbendem Verhör selbst in die Zelle zurück. Hielt mich überraschend locker, beinahe rücksichtsvoll am Ellbogen. Einmal stolperte ich unterwegs, er fing mich auf, hielt mich ein wenig fest. Als er mich dann am Korridorgitter dem Aufseher übergab, fragte er noch: »Ihre Rationen essen Sie hoffentlich auf? Wann hat man Sie das letzte Mal gewogen?«

Einmal im Monat wurden die Untersuchungshäftlinge in den Zellen gewogen. Welchen Zweck das hatte, ob es ihrer Gesundheit dienen sollte, was sich freilich in keinerlei Weise äußerte, oder rein statistischen Ermittlungen, blieb ein Geheimnis.

Am Vorabend des Ersten Mai zauberte Dana ein Tütchen mit Sojakernen hervor, den Rest aus dem letzten Paket ihrer Schwägerin.

»Hier«, sagte sie, stolz, daß ihr die Überraschung gelungen war, »ich kenne dich doch schon. Ohne Feier wärest du morgen kaputt.«

Wir schütteten den Inhalt des Säckchens auf die Tischplatte, teilten die Kerne in helle und dunklere ein und setzten aus ihnen die Aufschrift »1. Mai« zusammen.

Kaum waren wir damit fertig, ging auch schon die Tür auf: »Was treibt ihr da?«

Der Aufseher kam näher und betrachtete unser Muster auf der kleinen Tischplatte. Stand da und schwieg. Man sah ihm an, daß er irgendwie betroffen war, nicht wußte, was er denken sollte. In seinem eingepaukten Weltbild stimmte in diesem Augenblick etwas nicht. Sein Kollege, der in der Tür wartete – sie durften nur zu zweit eine Zelle betreten –, knurrte ungeduldig: »Was gibt es?«

Der in der Zelle riß sich zusammen. Er war etwa fünfzig Jahre alt, schmächtig und hatte ein hageres Gesicht. »Was soll das bedeuten?« fragte er nicht streng, eher unsicher.

»Als Internierte habe ich auch den Ersten Mai gefeiert«, sagte ich, verschränkte die Hände auf dem Rücken und fixierte das verschlossene Gesicht vor mir. Ein Arbeiter in Uniform, ging es mir durch den Kopf, vielleicht einer, der noch an etwas glaubt.

Der Mann machte wortlos kehrt und verließ die Zelle.

Am nächsten Morgen war er noch im Dienst. Als er uns das sogenannte Frühstück hereinschob, den »Kaffee« und die Tagesration schwammigen Brotes, fragte er:

»Soll ich es Ihnen aufschneiden?«

Wir baten darum.

Er verschwand im Korridor. Nach einer Weile reichte er uns die Brotscheiben herein. Sie waren mit Marmelade bestrichen.

»Wie habt ihr im Lager gefeiert?« wollte Dana später wissen. »War das überhaupt möglich?«

»Möglich? Jeder Geburtstag, manchmal ein lang erwarteter und endlich eingetroffener Brief oder eine gute Nachricht wurde gefeiert. Der Erste Mai war da ein ganz besonderer Anlaß.

In der Waschbaracke war es kalt. Unter dem spitzen Dach klaffte ein großes Loch. Dort drang der Wind herein, ließ die nassen Körper erstarren und fing sich pfeifend in allen Ecken. Aber im Rauschen der zahlreichen Wasserstrahlen, im Aufklatschen von Waschlappen und im Stimmengewirr ging er unter. Dennoch mußte man ihn zur Kenntnis nehmen. ›Heute ist es aber entsetzlich kalt.‹ – ›Schaut, das Wasser ist wieder eingefroren.‹ An jenem Tag blieb der schneidende Luftzug jedoch unbemerkt, und niemand fror.

Fünfzehn Frauen von rund fünfhundert, die der Stacheldraht von Rieucros am Ersten Mai 1941 umgitterte, standen nackt in dem Waschraum und sangen. Alle, auch Martha mit dem schmerzenden Rücken, auch Pepita mit der kranken Lunge und Katja, deren Augenlicht immer mehr erlosch. Hilda, deren Mann im Dritten Reich zu lebenslänglichem Zuchthaus verurteilt war, sang und Antonia, die bei Las Rosas Witwe geworden war. Durch das große Loch flog der Gesang hinaus in das Lager. Ein spanisches Lied, dann ein französisches, ein deutsches und danach ein polnisches. Kräftig erklangen die Stimmen der gefangenen Frauen, unverzagt und selbstbewußt.

Eine Pause trat ein. Dann erhob sich die klare Stimme der kleinen Iruschka. Ihr Lied kannten alle. Jede fiel in ihrer Sprache ein, und sie sangen das Lied vom Ersten Mai.

Die Aufseherinnen in ihren schwarzen Pelerinen stiegen wie große Krähen zwischen den Baracken umher, und wenn sie die Köpfe zusammensteckten, sprachen sie nicht über die Narzissen und den Frühlingsschimmer auf dem Berghang gegenüber. Sie sprachen über die Frauen, über die fünfzehn von fünfhundert. Daß sie früh gesungen haben, berichtete die magere böse Madame Rubert. Eine andere behauptete, die Baracken seien mit Blumen geschmückt, und Mademoiselle mit dem einfältigen Pferdegesicht erzählte, die meisten Frauen hätten sich nach Möglichkeit sogar ein bißchen herausgeputzt. Daß die fünfzehn früh gesungen haben, wußte das ganze Lager. Daß sie den spanischen Arbeitern, die an der Lagerstraße beschäftigt waren, die Hände geschüttelt haben, hatte auch Mademoiselle Wallot erfahren, die kühle Oberaufseherin, die ich schon aus dem

Pariser Gefängnis kannte. Man müsse aufpassen, meinte sie und war nervös. Denn in ihrem Büro hing ein Wandkalender mit dem roten Datumszettel: 1. Mai.

In den Baracken lagen die Strohsäcke dicht nebeneinander. ›Wir schlafen hier wie in einer Leichenkammer‹, sagte einmal Sarah, eine weinerliche Bildhauerin. ›Ach, Unsinn, wie eingelegte Gurken‹, antwortete Ursula, die im Lager tischlerte, aus Bretterabfall sehr willkommene Schemel herstellte. An jenem Tag stimmte keine dieser Behauptungen. Übereinandergelegt und zusammengerollt, bildeten die Strohsäcke beinahe bequeme Sitzgelegenheiten. Wir saßen beieinander und erzählten, wie es einst zu Hause war. In Holland gab es einen Aufmarsch mit Musik. In Polen schoß einmal die Polizei. In Spanien trommelten Kanonen zum Marsch. In Böhmen sang man auch Kampflieder der Hussiten, in Palästina hinter Gefängnismauern, in Deutschland ganz leise in Konzentrationslagern.

Allmählich wurden die Schatten länger, und die Sonne versank hinter dem hohen Berg. Die schönste und schwerste Stunde des Tages brach an. Wenn man oben bei dem stillgelegten Steinbruch stand und auf die Landstraße drüben blickte, die irgendwohin führte, oder auf die Dächer des Städtchens weit unten im Tal, kam die Sehnsucht. Sie legte sich wie ein blaues Band über die Augen, rollte schwer im Blut und ließ das Herz bald schneller und bald langsam klopfen.

Wir hatten nichts verabredet, aber als es an jenem Tag dunkelte, standen fünf von den fünfzehn oben im Steinbruch.

›Seht ihr, Kinder‹, sagte die Älteste von uns, die Anna mit dem steifen Bein, und holte tief Atem, weil ihr das Steigen schwergefallen war, ›es war doch trotz allem ein Feiertag.‹

Wir standen beisammen, wir fünf, und summten leise, was wir am Morgen laut geschmettert hatten. Immer schwärzer wurden die Berge. Die Farben der Sonne blieben in uns.

So haben wir im Internierungslager Rieucros gefeiert,

ehe es nach der Besetzung ganz Frankreichs zu einem Vernichtungslager wurde, aus dem die armen Frauen, die sich noch dort befanden, nach Deutschland transportiert und fast alle umgebracht wurden. Bevor das geschah, lebten wir in Kälte, Hunger, Schmutz und ständig drohender Todesgefahr. In den Holzbaracken wurde auch gestorben. Gerade deshalb versuchten wir am Ersten Mai und, wie ich dir schon erzählte, wirklich bei jeder sozusagen am Zipfel erwischten Gelegenheit, ein bißchen Freude und Trost in die häßlichen Behausungen einzuschmuggeln. Kannst du verstehen, warum dieser Tag selbst hier für mich etwas Besonderes bedeutet?«

Wochen vergingen. Waren es viele oder wenige? Sie schleppten sich dahin. Bis eines Tages nach der üblichen Meldung in früher Morgenstunde: Zelle Nr. 59, belegt mit zwei Untersuchungshäftlingen Nr. ..., von neuem die schwere Tür aufging. Auf der Schwelle stand ein uns bislang unbekannter Aufseher mit einem Zettel in der Hand.

»Sie dort«, sagte er und wies auf mich, »Nr. 2814, nehmen Sie Ihre Decken und kommen Sie.«

Das war ein Abgang. Aber wohin? Das Ende des Zusammenseins mit Dana. Aber was weiter?

Dana bückte sich und rollte schnell den blauen Papierstreifen in meine Decke. Dabei berührte sie flüchtig meine Hand, die kalt war. Wir zitterten beide.

»Mach's gut«, flüsterte ich.

»Auf Wiedersehen draußen«, antwortete sie ebenso leise.

»Na, wird's?« rief der fremde Aufseher.

»Danke für alles«, sagte ich laut und reichte Dana die Hand. »Auf Wiedersehen.«

Der Aufseher verband mir mit meinem Handtuch die Augen, weil meine Hände die Decke hielten. Dann faßte er mich an der Schulter und schob mich in den Korridor. Hinter meinem Rücken fiel die Tür zu.

»Auf Wiedersehen«, hörte ich noch einmal, aber nur mehr verschwommen.

Man führte mich durch Korridore, schob mich in den Aufzug, führte mich durch weitere Korridore.

Irgendwo sang ein Star. Man wird mich entlassen, ich werde nach Hause gehen. Bestimmt werde ich nach Hause gehen. Endlich ist der Augenblick gekommen. Der Star sitzt auf einem Baum, und der Baum steht draußen. Es ist sehr früh, vielleicht werde ich noch den Sonnenaufgang sehen. Ich werde mit der Straßenbahn fahren. Gut, daß schon Frühling ist, ich habe ja nur das leichte Kleid hier, in dem sie mich verhaftet haben.

Man führte mich durch Korridore, schob mich in einen anderen Aufzug und eskortierte mich durch weitere Korridore. Dann ging eine Tür auf.

»Nehmen Sie das Zeug von den Augen!«

Ich stand in einer Zelle, und hinter mir fiel die Tür zu. Ich war von neuem in Einzelhaft.

Eigentlich ist es sonderbar, daß hier das Licht abgeschaltet wurde, wenn man aufstehen muß. Gewöhnlich knipst man das Licht aus, wenn man schlafen geht. Hier war es umgekehrt. Hier war alles umgekehrt. Im Winter wünschte ich oft, ich könnte die Glühbirne berühren, die doch sicherlich warm sein mußte, wenn sie die ganze Nacht leuchtete. Aber jetzt wünschte ich nichts dergleichen. Mein Haar war feucht. In der Nacht hatte ich wieder einen Schweißausbruch gehabt. Das war mir zu Hause nie passiert. Dort war es aber auch nie so schwül. Zu Hause …

Die Einzelhaft war nach dem Zweisein mit Dana anders als zuvor. Die Zelle blieb gleich, aber die Eintönigkeit des Tages war noch lastender. Sie würgte geradezu, drückte auf den Kopf, zersetzte alle Gedanken. Dennoch war ich jetzt schon ein wenig ruhiger, glaubte es zumindest nach all dem vorangegangenen Nachdenken in zahllosen Stunden.

Bin ich ein anständiger Mensch? fragte ich mich. Vielleicht. Wollte ich mich für eine gerechte Sache schlagen? Das wollte ich. War Besitz, Wohlstand mein Ziel? Keineswegs. Brachte ich es fertig, mich einem Gegner zu stellen, wenn es sein mußte? Ich hoffe, daß ja. Woher also die nagende Unruhe?

Ich bangte nicht um mein Leben, war mir gar nicht bewußt, daß ich wieder einmal bis an seinen Rand geraten war. Was mich aus der Fassung brachte, waren die ständigen Demütigungen, der schändliche Druck, die groben Lügen. Auf diesen Schicksalsschlag war ich nicht vorbereitet, obwohl es in den letzten Wochen, ehe man mich holte, nicht gerade an bösen Vorzeichen mangelte. Ich wußte von Verhaftungen, man hatte mich fristlos aus dem Rundfunk entlassen. Aber ich verstand es nicht, dieses Geschehen in seiner ganzen Niedertracht zu deuten. Fehlgriffe, dachte ich verwirrt, wollte Verbrechen nicht wahrhaben. Mein ganzes Leben war darauf angelegt, an ein Ideal zu glauben, an die Möglichkeit, die menschliche Existenz tatkräftig und gerecht aufbauen und regeln zu können. Dieses Ideal schien mir nach dem Meer von Toten während des Krieges, nach all den Grausamkeiten, die ihn begleiteten und die man erst allmählich in ihrer ganzen Unfaßbarkeit erfuhr, noch anstrebenswerter zu sein. Eine Welt ohne Eroberungskriege, ohne die bisherigen sozialen Ungerechtigkeiten, ein neuer Anfang – ich glaubte, hoffte und prüfte nicht. Jetzt aber war ich unerbittlichen Tatsachen ausgesetzt, begriff nicht, warum es sie gab und was ihr Zweck und Ziel sein sollte. Ich war nicht nur in einer Zelle eingesperrt, auch meinem normalen Denken und Sein war ein Riegel vorgeschoben. Wo war das Ende in diesem Dunkel?

In meinem neuen Alleinsein sehnte ich mich mit jeder Stunde mehr nach der Rückkehr ins Leben. Und hatte gleichzeitig eine unbestimmte Angst davor. Nicht vor einer unsicheren Zukunft, das hatte ich schon erlebt und wußte, daß man damit fertigwerden konnte. Unsicherheit in den Augen einstiger Freunde, ein Zögern, das ich bislang nicht kannte. Und das sich auch auf meinen Mann und mein Kind erstrecken könnte. Bei solchen Gedanken befiel mich Atemnot, ich griff mit den Händen ins Leere, mußte mich an die Wand lehnen.

Diese Augenblicke half der kalte Wasserstrahl in der Ecke zu überwinden. Dann konnte ich auch wieder »weggehen«, kramte in meinem Gedächtnis nach etwas, das lebensbejahend war. Das gab es doch, das mußte es immer geben.

In Rieurcros erhielt ich eines Tages völlig überraschend ein wunderbares Geschenk. Ein Studenten-Hilfskomitee in der neutralen Schweiz hatte auf mir unbekannten Wegen meinen Namen und »aktuellen Aufenthaltsort« erfahren und sandte mir zwei Hefte und Schreibutensilien. Welch ein Schatz! Ich begab mich in den stillgelegten Steinbruch, der hier mit uns interniert zu sein schien, setzte mich dort auf einen niedrigen Block, schaute eine Weile hinunter in das unerreichbare Tal – und begann zu schreiben. Damals lernte ich jenes »Weggehen«, das mir später so oft half. Ich schrieb für mich, dachte mir aber auch Verse und Liedtexte aus. Für unseren Lagerbedarf. Zur Ermunterung und Aufheiterung der gefangenen Frauen war jeder Einfall willkommen. So verfaßten wir zum Beispiel neue Texte zu bekannten Melodien. Mit den erfahrenen Schauspielerinnen Marina Strasde und Steffie Spira komponierten wir sorgfältig Programme aus gesprochenen und gesungenen Texten in verschiedenen Sprachen. Wir trugen sie inmitten der Frauen vor, die rings um uns, zum Teil auch über uns, auf den Pritschen hockten, aneinandergedrängt wie Schwalben auf Telegraphendrähten vor ihrem Abflug in warme Länder. Die Kost im Lager war miserabel, es gab fast keine Medikamente, alles war trostlos und grau. Und so zogen wir mit unseren Programmen gegen Schwäche, Depression und Resignation los. Unser Publikum verstand uns und war für diese Lichtpausen dankbar.

Dinah, ein kleines mageres Mädchen mit tiefschwarzen Augen im schmalen Gesicht, war etwa fünfzehn Jahre alt. Sie schien die jüngste »erwachsene« Internierte unter den Spanierinnen zu sein, die beim Zusammenbruch ihrer Republik in Frankreich Zuflucht suchten, in der törichten

Hoffnung, in dem klassischen Asylland eine sichere Unterkunft zu finden – und die in den elenden Baracken von Rieucros landeten.

Mit Dinah wurde ich gleich in meinen ersten Tagen im Lager bekannt, sie faßte Vertrauen zu mir, besuchte mich bereits, als ich noch in der »kriminellen« Baracke untergebracht war, fast jeden Tag, war wie ein Vögelchen, das aus dem Nest gefallen und in der unbekannten Welt ein wenig verloren ist.

»Erzähl mir etwas«, bat sie oft, nachdem wir einander schon ein bißchen näher kannten, »denk dir irgend etwas aus, zum Beispiel aus Paris oder diesem Prag, woher du kommst. Nur nichts von Gefangenen, etwas aus der Welt draußen oder vielleicht ein Märchen. Das kannst du doch. Erzählst uns und bist selbst noch jung, das ist gerade schön. Bei alten Leuten ist Erzählen irgendwie selbstverständlich, es gehört schon zu ihnen, ihre Geschichten sind aber meistens traurig. Und traurig sind wir hier alle.«

Also schrieb ich Märchen. Nicht nur, um Dinah zu erfreuen, ich schrieb sie auch für mich selbst und für die Frauen in unserer Baracke und glitt auf diese Weise in eine erdachte, schönere Welt, in der Gerechtigkeit und Menschlichkeit herrschten, malte sie für uns alle in den Farben der Sonne.

So war es in Rieucros. Es gab unter uns Mütter, die nicht wußten, wohin man ihre Kinder gebracht hatte, Frauen, deren Männer in Hitlers Drittem Reich oder sonstwo in Zuchthäusern darbten und die in jeder Stunde mit einem gewaltsamen Tod rechnen mußten. All das quälte uns.

Einem Grauen waren wir jedoch damals nicht ausgesetzt: Freund und Feind waren fest umrissene Kategorien, daran war nicht zu rütteln, und das wagte auch niemand. Wäre schlimm ausgefallen, hätte man uns betrügen wollen.

War heute Donnerstag oder Freitag? Donnerstag. Morgen bekomme ich ein sauberes Handtuch. Oder war erst Mittwoch? Jedenfalls der siebenundzwanzigste Tag, an dem ich nur vier Worte aussprach. Allmählich beschlich mich die Angst, ich würde nichts anderes mehr sagen können. Etwa: Bitte einen Apfelsaft. Oder: Schwimmen wir noch ein bißchen? Oder gar: Jetzt habe ich schon genug von der Sonne.

Schritte nährten sich, die Tür ging auf, ein Paar hoher schwarzer Stiefel stand auf der Schwelle. Und so sagte ich meine vier Worte: »Ein Untersuchungshäftling Nummer zweitausendachthundertvierzehn.«

Auch in dieser Zelle gab es ein Lüftungsviereck gegenüber der Tür. Wohin es führte, wußte ich nicht, frische Luft drang nur in winzigen Portionen herein. Manchmal aber auch ein Geräusch von außen, von der Welt jenseits der dicken Mauern. Kinder lärmten offenbar auf einem Spielplatz. Irgendwo muhten Kühe, und in der Ferne pfiff ein Zug. Das alles konnte ich hören.

Schon lange durfte ich sitzen, wann ich wollte. Stundenlang oder den ganzen Tag. Dennoch lief ich von Ecke zu Ecke, als ob mich jemand jagen würde. Jemand oder etwas. Vielleicht das Lachen eines Kindes unter dem überflüssig blinden, weil ohnedies zu hoch angebrachten Lüftungsviereck. Das Lachen eines Kindes – es konnte doch nur das eines fremden, mir völlig unbekannten Kindes sein. Trotzdem lauschte ich mit flackerndem und zuckendem Herzen.

Vielleicht hetzte mich das gleichsam leblose, gleichgültige oder wachsame Auge inmitten der grünlichen Tür. Es war ein Unding, dieses aus einem menschlichen Gesicht losgelöste Auge, eingesetzt in die matt glänzende Metallplatte, die einen Menschen von seinen Mitmenschen trennte. Ein Auge, das weder lachte noch weinte, das nur glotzte, teilnahmslos und stumpf, von links nach rechts und dann wieder zurück, von rechts nach links. Ein Auge, das sinnlose Rufe ausstieß: »Wo sind Ihre Hände? Warum stehen Sie dort? Ihr Gesicht! Umdrehen, hören Sie!« Es war überall, spürte mir nach, riß mich aus dem Schlaf, hätte sich wohl am liebsten auch meiner Gedanken bemächtigt. Ich fürchtete und haßte es.

Heute war es wieder das Wolfsauge. Es schlich mir nach, auch in die Ecke, wenn ich mich in der Hitze abspülte, auch wenn … Ach was, ist ja egal, jetzt war mir schon alles egal. Das machte wahrscheinlich die Schwüle, Atmen war schwierig. Also tue etwas, würde Dana sagen, Stillstehen bringt dich um. Und damit hätte sie recht. Vielleicht könnte ich mir einen Zopf flechten, damit mich die Haare nicht im Nacken wärmen. Lang genug sind sie schon. Aber schneiden lasse ich sie hier nicht. Man würde das wie bei den Nägeln tun. Die haben sie mir an den Händen bis ins Fleisch abgezwickt, und an den Füßen ist der Aufseher mit der kleinen Zange zweimal in die Zehe gefahren. Jetzt blutet sie nicht mehr.

Gehen ist einfach das beste, damit kann ich dem Auge fünfeinhalb Schritte lang den Rücken kehren. Deshalb beunruhigte es wohl auch jede Bewegung. Dort ist der Klappsitz, setz dich hin, und blick auf die Wand, an der nichts zu sehen ist. Nichts anderes ist dir gestattet. Deswegen beobachten wir dich pausenlos, bei Tag und in der Nacht, den ganzen Tag und die ganze Nacht. Wir haben dich sozusagen im Koffer, und da bleibst du auch. Wir lassen dich wie einen weggeworfenen Apfel verfaulen, wie eine wurmstichige Birne, die niemand mehr braucht. Wir können nämlich mit dir machen, was wir wollen.

Ich wollte es nicht mehr ertragen, dieses Auge und seinen leeren Blick. Ich war kein Ding, das man wegwerfen kann, ich war ein Mensch. Die im Korridor, die einander vor dem Spion abwechselten, die waren nicht mehr Menschen, sondern Objekte fremden Willens. Ich nicht. Ich ging auf und ab, bewegte mich nach eigenem Willen, dachte nach, grübelte, holte Menschen und Erlebnisse aus mir hervor, die einen Sinn hatten, einen Wert, der bleibend war und strahlend wie die Farben der aufgehenden Sonne.

Ich kannte eine Frau mit dem schönen tschechischen Namen Jarmila. Sie war temperamentvoll, manchmal unberechenbar in ihren jähen Entschlüssen. Immer vermittelte sie einem jedoch das Gefühl absoluter Verläßlichkeit, besonders in schwerwiegenden Angelegenheiten. Aber sie war schon eine kuriose Persönlichkeit. Eines Tages bemerkte ich einen Gipsverband an ihrem Arm.

»Was ist dir passiert?« fragte ich besorgt.

»Nichts Besonderes«, lautete ihre fast spitzbübisch lächelnd hervorgebrachte Antwort, »ich habe nur einen grünen Ast unter mir abgeschnitten.«

»Wie bitte?«

»Ganz einfach«, erklärte sie, weiterhin fröhlich. »Manche Redensarten haben scheinbar einen realen Ursprung. Ein Apfelbaum vor unserem Wochenendhäuschen verdeckte die Aussicht aus dem Fenster und war überhaupt viel zu ausgreifend. Eines Tages beschloß ich, ihn ein wenig zurechtzuschneiden. Kletterte hoch, setzte mich auf einen soliden Ast, genoß den Apfelduft und den freien Blick in die Welt. Aber ich war ja nicht zum Spaß oben, machte mich also an die Arbeit und sägte. Ein ziemlich krummer Ast unter mir störte mich besonders. Der muß vor allem weg, entschied ich. Leider saß ich auf einem seiner Ausläufer und plumpste mit ihm hinunter. Und das war das Ergebnis.« Sie lachte und wies auf ihren Gipsverband.

Kein Wort des Bedauerns oder der wehleidigen Klage, war sie doch selbst schuld an diesem Mißgeschick.

Als junges Mädchen hatte Jarmila den Buchhändler Pavel kennen- und liebengelernt. Die beiden heirateten und betrieben in Prag einen Buchladen der Linksfront in freundschaftlichem Kontakt mit der gesamten Avantgarde der tschechischen Literatur. Als die Tschechoslowakei im Jahr 1939 von Hitlerdeutschland besetzt wurde, erging es dem Ehepaar sehr schlimm. Sie hatten damals schon einen kleinen Sohn, der auch Pavel hieß. Der konnte seinen Vater nie richtig genießen. Die Zeit war erst sehr anspruchsvoll und dann sehr böse. Der Laden wurde natürlich geschlossen, der große Pavel stand auf den ersten Seiten der Gestapoliste. Sein schmales bebrilltes Gesicht mit dem nachdenklichen und zugleich geradezu widerspenstigen Ausdruck paßte in die Vorstellung von einem ewig rebellierenden Tschechen. Jarmilas Gatte wurde von der Gestapo verhaftet, von einem Nazigericht in schneller Verhandlung verurteilt und hingerichtet. Seine junge Witwe mußte in Prag ins Gefängnis. Sie überlebte und kam noch während der deutschen Besatzung zu ihrem Söhnchen zurück.

Als ich sie nach dem Krieg zum ersten Mal in ihrer Wohnung besuchte, fielen mir in dem kleinen Vorzimmer zwei Kleiderhaken auf, die im Unterschied zu den übrigen sehr niedrig angebracht waren. Etwa in Hüfthöhe eines erwachsenen Menschen.

»Die bleiben hier«, sagte Jarmila und lachte in mein erstauntes Gesicht, »ein Okkupationssouvenir. Der eine Haken war für unseren Pavel, der andere für Evička.«

»Evička?«

Ja, sie war das Töchterchen einer Freundin, deren Mann, Jude und kommunistischer Journalist, gleich Jarmilas Gatten, von den Nazis umgebracht wurde. Als die Mutter der kleinen Eva in Schwierigkeiten geriet, nahm Jarmila das Kind bei sich auf.

»Vorübergehend hatten wir hier noch einen dritten Haken«, bemerkte sie und wies mit der Hand neben die beiden »Okkupationssouvenire«, »aber das ist schon lange vorbei.«

Ich kannte sie gut genug, um zu verstehen, daß sie über dieses Zwischenspiel nicht weiter sprechen wollte. Aber meine Neugierde war geweckt. Ein dritter Kinderhaken, der nur vorübergehend angebracht war?

Jarmila lebte weiterhin in der Wohnung, in die sie vor vielen Jahren als junge Ehefrau mit ihrem Mann eingezogen war. Sie befand sich in einem mehrstöckigen soliden Haus in einer soliden, verhältnismäßig ruhigen Straße. Die meisten Mieter waren gleichfalls langjährige Bewohner, hatten hier die Besetzung ihres Landes mehr oder weniger gut überlebt. Was die kleine Familie im dritten Stockwerk betroffen hatte, wußten sie natürlich.

Im Mai 1945 erhob sich Prag, am Ende seiner Geduld, in

den letzten Tagen des unseligen Krieges gegen die deutschen Okkupanten. Im allgemeinen zügellosen Aufruhr geschah es auch, daß Verbrechen mit Verbrechen gesühnt, unschuldige Menschen zu Opfern wurden.

»Wissen Sie schon? Gerade hat man die Deutsche aus dem Erdgeschoß geholt und auf die Straße expediert!« Eine Nachbarin keuchte erregt und mit glänzenden Augen vor Jarmilas Tür. In den vorangegangenen Jahren hatte sie sie bei zufälligen Begegnungen im Treppenhaus eher übersehen.

»Die hatte doch ein Kind«, sagte die Mutter des kleinen Pavel. »Wo ist es jetzt?«

»Weiß ich nicht. Wird schon irgendwo sein, der Balg.«

Die verwitwete Jarmila schloß wortlos ihre Tür und ging hinunter in die offenstehende Wohnung im Erdgeschoß. In der Küche weinte ein kleines Mädchen still vor sich hin. Sie nahm das Kind bei der Hand und brachte es hinauf zu sich, zum vaterlosen Pavel und der vaterlosen Evička, denn Kind ist Kind. An ihnen darf sich niemand vergehen.

Das ist die Geschichte des dritten »Okkupationssouvenirs« in Jarmilas Vorzimmer. Wachgerufene Erinnerungen dieser Art waren es, die mich in meinem aufgezwungenen Alleinsein nicht zusammenbrechen ließen. Sie waren ein Sonnenstrahl in den Farben der Nacht.

Eine Mahlzeit kann im normalen Leben manchmal beinahe ein kleines Fest sein. Man sitzt seinem Kind gegenüber und beobachtet, wie es den Löffel zielbewußt zum Mund führt, wenn es ihm schmeckt. Oder wie es auf dem Teller verdrießlich herumsegelt, wenn ihm etwas vorgesetzt wurde, das es nicht mag. Mit Freunden an einem Tisch zu sitzen, bei einem guten Gespräch und vertraulichem Zusammensein, zählt zu den natürlichen, schönen Freuden des Alltags.

Wenn ich den mit dem Fuß hereingeschobenen Eßnapf auf das Klapptischchen trug, war das Auge in der Tür auf meine Hand und den Mund ausgerichtet. Auf den Eßnapf, die Hände und den Mund. Ich setzte mich nieder und aß folgsam. Hätte ich eine Gabel, wünschte ich mir manchmal, könnte ich die beiden harten Knödel aufspießen und sie an das zudringliche Auge festklatschen. Aber sie rutschten mir unter dem Löffel – meinem einzigen »Besteck« – davon, hüpften in der lauen Tunke umher. Ohne das Wolfsauge hätte ich den ganzen Sud im Abtritt verschwinden lassen. Aber auch das war verboten, und so kaute ich an den glitschigen Dingern und würgte sie gehorsam hinunter.

Vielleicht war das dumm, vielleicht wäre es besser, hier überhaupt nichts zu essen. Beim Frühstück mußte ich oft daran denken, wie mir einmal die beiden verhörenden Referenten nach einem mehrstündigen Wortduell plötzlich sagten:

»Hätten Sie Lust auf einen Kaffee?«

Ich dachte, ich höre nicht richtig, nickte jedoch schnell. Daraufhin wurde telefonisch »dreimal Kaffee« geordert. Nach einer Weile erschien ein Wachsoldat und stellte auf den Schreibtisch zwei Porzellantöpfchen und ein dickwandiges Glas, wie sie in Läden auf den Regalen mit Senf stehen. Kaffeeduft erfüllte verführerisch den ganzen Raum.

»Kommen Sie, Ihre Portion holen«, forderte mich das Prachtexemplar auf.

Ich erhob mich aus meiner Ecke, ging zum Tisch und langte nach dem nächststehenden Gefäß. Es war eines der beiden Töpfchen.

»Das nicht«, verwies mich mein Referent, »nehmen Sie das Glas.«

»Ich will nichts«, sagte ich und kehrte zu meinem Sitz in der Ecke zurück.

»Was soll das heißen?« Das Prachtexemplar wurde ein bißchen nervös. »Machen Sie keine Dummheiten. Es ist schon beinahe Morgen, und wir haben noch allerhand zu erledigen. Also wenn wir Ihnen schon einen Kaffee anbieten ...«

»Danke, ich will nichts.«

Er zögerte einen Augenblick, dann brachte er mir das Töpfchen, nach dem ich die Hand ausgestreckt hatte, bis in meine Ecke.

»Trinken Sie, es ist hier ziemlich kalt.«

Dem konnte ich nicht länger widerstehen. Erst später, als ich auf dem Schreibtisch das Verhörprotokoll unterzeichnen mußte, bemerkte ich, daß das Senfglas unberührt geblieben war. Einer der beiden Ermittler hatte lieber auf den Kaffee verzichtet.

Das war es, woran ich oft denken mußte, wenn ich am Morgen aufgefordert wurde: »Ihr Frühstück.«

Genau zehn Minuten nach dieser Aufforderung ging die Tür abermals auf. Der leere Eßnapf mußte auf die Schwelle gestellt werden, und noch in der Hockstellung mußte man laut Vorschrift beide Hände heben und dann den leeren Boden und das geleerte Innere des Geschirrs vorführen.

Eines Tages fiel mir dabei ein, daß es im Museum of Social Research in New York ein Zimmer geben soll, das so dargestellt ist, wie es ein Hund wahrnimmt. Das ist bestimmt hochinteressant. Aber die Welt aus der Perspektive eines Untersuchungshäftlings gibt es dort wahrscheinlich nicht. Dabei sieht sie der auch von unten, in der Hocke oder mit verbundenen Augen über den Spalt unter der Nase, also gleichfalls aus der Hundeperspektive, allerdings …

Allerdings war ich kein Hund. Und weil ich ein Mensch war und unter allen Umständen auch bleiben wollte, hielt ich es nicht aus, einfach dazusitzen, stundenlang die Wand vor mir anzuglotzen und dabei auch noch pausenlos von der Tür aus beobachtet zu werden. Wie ein Tier im Käfig. Das Hin und Her in der kleinen Zelle war in der Sommerhitze nicht sehr lang möglich. Und weil ich es nicht ertrug, nur so dazusitzen, erfand ich eines Tages eine kuriose Beschäftigung.

Ich lehnte es weiterhin ab, mir die Haare schneiden zu lassen, und so waren sie nach all den Monaten schon ziemlich lang. Also riß ich eines aus und versuchte, es tunlichst in der Mitte zu verknoten. Als es gelang, kam darüber ein nächstes, ein zweites winziges Knötchen dazu und dann weitere, eines über dem anderen. Ich hatte eine Handarbeit, fabrizierte wohl die winzigsten und dünnsten Kettchen auf der Welt. Meine unnatürlich weißen Finger, bleich wie Sprossen von Pflanzen ohne Licht, bewegten sich, ich hatte eine Beschäftigung. Das Auge in der Tür bemerkte etwas, konnte jedoch nicht erkennen, was da vor sich ging, Es starrte auf die unruhigen Hände, versuchte sie mit seinem aufmerksam gewordenen Blick festzuhalten, sah aber überhaupt nicht, was sie taten. Was, zum Teufel, war da los?

Ich fühlte den angespannten Blick, ließ mich jedoch nicht stören. Schau nur, Wolfsauge, sehen kannst du sowieso nichts. Ich darf nichts tun und tue doch etwas. Einst pflegte mich meine Mutter mit einem Sprüchlein zu füttern: Einen Löffel für das Schwesterchen, einen für die Großmama, einen für den Teddybär. Jetzt knüpfte ich ein Knötchen für frische Luft, eines für einen Würfel Zucker, zwei für guten Schlaf, drei, um wenigstens ein klein bißchen hübsch zu bleiben, ein großes für einen Brief … Nein, das nicht. An so etwas soll man lieber nicht denken, dabei tut einem gleich das Herz weh. Das wußte ich früher auch nicht, daß einem bei manchen Gedanken das Herz richtig weh tun kann.

Meine Hände begannen zu zittern. Standen still. Die Tür flog auf.

»Was treiben Sie da?«

Ich ließ das dünne Haarkettchen auf den dunkelroten Boden fallen, erhob mich vorschriftsmäßig. »Nichts.«

»Wieso, nichts? Ich habe Sie doch beobachtet.« Er machte zwei Schritte, blieb vor mir stehen, auf der Schwelle erschien sein Kollege. »Zeigen Sie die Hände!«

Ich hob beide Hände hoch, führte dem verdächtigenden Blick erst die Handrücken mit der geschwollenen blauen Ader in der Mitte vor und dann die ausgetrockneten zerfurchten Handflächen. Wie zwei müde Schmetterlinge sanken sie gleich wieder hinab.

Der Aufseher starrte mich an, schüttelte ratlos den Kopf, wollte vielleicht etwas sagen, sagte aber nichts und kehrte wortlos in den Korridor zurück.

Nach diesem Intermezzo brachte ich es nicht fertig, weiter sitzen zu bleiben, lief in der Zelle von Wand zu Wand. Die Menschen draußen, in der sogenannten normalen Welt, hören Rundfunk, lesen Zeitungen, nehmen an verschiedenen Sitzungen teil. Überall trichtert man ihnen bestimmt das Schlimmste über uns ein. Daß wir uns verkauft haben, Feinde gröbsten Kalibers sind, zwiegesichtige Verräter. Wenn ich zusammenklaubte, was man mir in den vielen zermürbenden Stunden vorgeworfen hat, ergaben sich einige verblüffende Punkte: Ich kenne zu viele Menschen. Seit wann ist das ein Verbrechen und bei jemandem, der als Journalist tätig war, so überraschend? Ich war im Westen im Exil. Ganz abgesehen davon, daß das beinahe ohne mein direktes Zutun so gekommen ist, hat mir diese Tatsache das Leben gerettet, und eigentlich müßte doch maßgeblich sein, was man an seinem Aufenthaltsort getan hat, und nicht dessen geographische Lage. Auch das Faktum, daß ich mich schon als sehr junges Mädchen für die Utopie einer sozialistischen Gesellschaftsordnung und vor allem für den aktiven Kampf gegen den Faschismus entschieden habe, bildete hier unverkennbar einen Anhaltspunkt für wüste Beschuldigungen. Dazu kam noch der vielleicht schlimmste Vorwurf seitens meiner »sozialistischen« Ankläger, den ich nie hätte ahnen können und den es niemals hätte geben dürfen: meine jüdische Herkunft. Es war ein Verdachtsmoment, zu den Menschen zu zählen, deren gesamte Familien barbarisch ausgerottet worden waren. Falls es einem vergönnt war, dieses unvorstellbare Kapitel der Geschichte zu überleben, wurde man nun von Individuen und Institutionen verfolgt, die so unverschämt waren, sich als Sozialisten zu bezeichnen.

Ein normaler Verstand, mein normaler Verstand, konnte da nicht Schritt halten und suchte verzweifelt nach einer

Erklärung. Das Ganze konnte nur ein wahnwitziger Irrtum, eine böse Verrenkung oder – und das traute ich mich kaum, mir selbst einzugestehen – ein verabscheuungswürdiges Verbrechen sein. Nach dem mörderischen Krieg und seinen neuartigen Greueln? Das durfte nicht wahr sein!

Manchmal fragte ich mich in solchen Augenblicken, wie lange ich die ganze Quälerei noch aushalten kann. Wenn ich die Augen schloß, drehte sich die Welt in mir und mit mir. Ich mußte mich mit beiden Händen an meinem Klappsitz festhalten, um nicht auf den Boden zu fallen. Da öffnete ich lieber schnell wieder die Augen.

Es gab jedoch ein Verhör, das sich von den üblichen abhob und immer wieder in mein Denken drängte. Damals hatte der Gutsbesitzer aus dem chinesischen Märchen gesagt:

»Da ist ein Brief für Sie mit irgendwelchen Fotos.«

Briefe von zu Hause bekam ich nicht in die Hand. Der Referent las sie mir nur vor. Mein jugoslawischer Mann schrieb mir in holprigem Tschechisch. Der Dicke stotterte, manches konnte ich gar nicht verstehen. Er schaltete auch Pausen ein, ließ allem Anschein nach etwas aus.

Auf der farblos gelblichen Zellenwand vor meinen von neuem geschlossenen Augen bewegten sich, bald nahe, bald wieder ferner, graue Ringe. Schwebten auf und ab. Ich vernahm meine eigene Stimme, die gleichsam flüsterte:

»Das ist meine Kleine. Ich will sie anschauen.«

»Sitzen bleiben. Ich zeige sie Ihnen ja.«

»Aber ich kann doch von hier aus nichts erkennen«, protestierte ich verzweifelt. »Ich will mein Kind sehen.« Ohne auf das Verbot zu achten, erhob ich mich, ging zu dem Schreibtisch, streckte die Hand aus. Der Dicke war überrumpelt. Ich sah mein Kind auf seinem ersten Schulweg, von dem ich ausgeschlossen gewesen war.

»Jetzt haben Sie schon genug geschaut«, erklärte der Referent barsch, nahm mir die Aufnahme aus der Hand und schob sie zurück in den Umschlag. »Ja, wenn Sie sich anders verhalten würden …«

»Ich habe ja kaum etwas sehen können. Ich weiß auch nicht, ob das Kind … ob mein Mann …«

»Das Mädel ist in Ordnung. Und machen Sie mir hier keine Szenen, das hilft Ihnen nicht. Bei uns muß alles verdient werden. Ich bin wirklich neugierig, wann Ihnen das endlich aufgehen wird.«

Die grauen Ringe auf der gelblichen Wand wurden größer und kleiner. Ich versuchte sie zu berühren, in die Hand zu nehmen. Aber da zerstoben sie, und es blieb wiederum nur die bittere Erinnerung, die ich nie ganz zu unterdrücken vermochte. Tag und Nacht kam sie zu mir zurück. Manchmal verdrängte ich sie, manchmal vertiefte ich mich im Gegenteil in sie. War alles, was hier mit mir geschah, überhaupt wirklich? Werde ich es fertigbringen, mich zurechtzudenken, oder wird alles in mir weiter hoffnungslos durcheinanderwirbeln? Ich war allein in der Zelle, aber von überall hörte ich Stimmen, wollte sie nicht hören, wollte nicht …

Fünfeinhalb Schritte hin und fünfeinhalb Schritte her, langsam und regelmäßig. Es ist nicht wahr, ich bin nicht allein, selbst wenn mir nicht einmal ein Advokat, ein Verteidiger, gestattet wird, der mich doch ab und zu besuchen würde. »Ach«, hatte der Referent gesagt und spöttisch gelacht, »das würde Ihnen so passen. Bei uns gelten andere Regeln.« Das hatte ich bereits erkannt, war ausnahmsweise ganz seiner Ansicht. Fünfeinhalb Schritte hin und fünfeinhalb zurück. Ich bin auch kein Feind. Feinde sind hier doch … Ich darf nicht aufgeben, selbst wenn sich meine Gedanken nicht mehr so richtig lenken lassen. Ich muß versuchen, wieder an mich selbst zu glauben, aber das ist entsetzlich schwer, wenn man zu einem Häufchen Scherben zersplittert ist.

Einmal wurde in der Nacht in einer Zelle irgendwo gegenüber ein Häftling wahnsinnig. Heulte und kicherte abwechselnd so laut, daß es die ganze Abteilung durchdrang. Dann schrie er. Offenbar war noch jemand mit ihm in der Zelle, und der Verrückte drohte seinem Mitgefangenen, er werde ihn umbringen. Da brach der auch zusammen, weinte vor Angst, flehte die Aufseher an, ihn von dort wegzubringen. »Was soll das Theater?« wurde er angeschrien. »Wir sind doch da. Ihnen kann nichts passieren.« Und der Wahnsinnige kreischte lachend: »Ich bring ihn um, haha, bring ihn um!« So ging das unendlich lang, vielleicht eine Nacht und einen Tag, vielleicht nur eine einzige gräßliche Nacht.

Ich begann mich in meiner Zelle zu fürchten, stemmte mich aus Angst gegen die Tür. Aber ich wollte nicht hinaus, im Gegenteil, ich wollte mich davon überzeugen, daß sie verläßlich verschlossen ist, so eine Angst war das.

Als die Stille endlich wiederhergestellt war, flüchtete ich von neuem in den schleierartigen Zustand meiner Träumereien. Ich wollte ja durchhalten und wenn möglich ungebrochen heimkehren. Es wird schon gelingen, redete ich mir zu. Ich muß durchhalten, darf auch nichts von dem hier vergessen. Weder die Schikanen noch meine neuen Befürchtungen und Sorgen, aber auch keine einzige, vielleicht trotz allem mögliche künftige Freude. Ich muß einfach wieder ein Mensch sein, wie jeder Mensch leben. So irgendwie erträumte ich mir das.

Im Lager Rieucros vernahm ich einmal an einem Sonntagmorgen Kirchenglocken aus der nächsten Gemeinde. Ich lauschte ihnen verzückt und stellte mir dabei vor, wie dort die Bäuerinnen in ihrer schwarzen Feiertagstracht zur Messe schreiten und rings um sie ihre Enkel in den besten Kleidchen über Pfützen springen. Kleine Mädchen mit frischen Locken auf den Köpfchen und Jungen in unbequemen Schnürschuhen. Ich stellte mir vor, daß sich mancher Bub aus fester Mutterhand losreißt und manches Mädchen unauffällig verschwindet. Hinter der Kirche, wo die Wiesen beginnen. Wenn ich die Augen schloß, vermeinte ich, auf dem kahlen Sandweg zwischen den Holzbaracken Honigduft zu spüren, das Summen von Hummeln und Bienen zu hören. Einige Männer aus dem Dorf kannte ich. Einen kleinen Knotigen, der Rüben und Topinambure ins Lager brachte, Futter für Rinder und internierte Frauen. Auch den geräuschvollen Alten mit dem sonderbaren Knotenstock, der manchmal als Nachtwächter aushalf. Oder den glatzköpfigen, ständig verschwitzten Buchhalter im Büro der Lagerverwaltung. Und schließlich noch den jungen Bauern, dem die Wiese am Fuße des Berghangs gegenüber dem dreifachen Stacheldrahtverhau gehörte.

Bam, dröhnten die Glocken, bam, bam. Jetzt saßen die Frauen schon in der Kirche, aber die Männer eher an den Holztischen in der Gaststube am unteren Ende des Ringplatzes, wo die Autobremsen meistens aufkreischten, ehe die Ladung neuer Internierter den steilen Bergweg in Angriff nahm. Sie saßen dort an ihren angestammten Plätzen, schluckten Rotwein aus kleinen Flaschen und redeten nicht viel. Es war Krieg, wer wollte darüber noch ein Wort verlieren!

Bald verstummten die Glocken, und über der ganzen Landschaft breitete sich ein transparentes Zelt sonntäglicher Stille aus. Irgendwo gackerte ein Huhn. Dann abermals nichts. Etwas später ratterte der verstaubte, schon altersschwache Bezirksautobus über die Landstraße ins Dorf. Ein paar Menschen stiegen aus, ein paar andere kletterten hinein. Wohin fuhren sie wohl? Etwas unternehmen? Jemandem Liebsten begegnen?

Das war Freiheit.

»Weißt du, was ich gemacht habe, als man mich wieder einmal nach längerer Haft aus dem Gefängnis entließ?« erzählte mir in Paris ein italienischer Antifaschist namens Mario. »Ich bin stundenlang in der Stadt herumgelaufen. Zu Hause warteten meine Frau und mein kleiner Sohn, aber ich bin einfach herumgelaufen, durch Straßen geschlendert, in denen ich vorher niemals gewesen bin, habe Menschen gegrüßt, die ich gar nicht kannte, und Spatzen zugepfiffen, die das natürlich überhaupt nicht zur Kenntnis nahmen. Plötzlich sah ich in der Glasscheibe eines

Schaufensters mein Gesicht und betrachtete es lang. War etwas in ihm haftengeblieben? Ich meine, von dem Aufenthalt hinter Gittern, verstehst du. Aber es war zum Glück ein ganz gewöhnliches, schlecht rasiertes Gesicht. Das machte mich schrecklich froh. Hinter mir sagte jemand: ›Das sind aber hübsche Tassen.‹ Erst da merkte ich, daß das Schaufenster vor mir voll von Tassen und verschiedenen Gefäßen war. Ich ging in den Laden und kaufte zwei Töpfchen, eines mit einem goldgelben Entchen für den Jungen und ein anderes mit einer dicken Rose für meine Frau. Beide waren beinahe grell. Das gefiel mir besonders nach all dem Grau, das ich gerade hinter mir gelassen hatte. Ich lief noch ein bißchen weiter und wechselte immer auf die Seite des Gehsteigs, auf die die Sonne schien.«

Auch das war Freiheit.

Nun wartete ich auf so etwas. Zaghaft und mit vielen Ängsten, aber immer ungeduldiger. Es kam allerdings ganz anders.

Ein schwüler Tag des Spätsommers heizte die Zelle an. In früher Morgenstunde schob man mir wie jeden Tag den Blechnapf mit der üblichen Brühe mit der schmeichelhaften Bezeichnung Kaffee herein, dazu die Tagesration des wie immer eigenartig krümeligen Brotes. Es folgte die Morgenmeldung: »Ein Untersuchungshäftling Nr. 2814 …« und dann das große Nichts. Am Mittag abermals der Blechnapf mit dem Essen, das ich lustlos hinunterschlang. Die Hitze war an jenem Tag besonders schlimm, hämmerte an die Schläfen, füllte den Kopf mit dumpfer Leere. Fünfeinhalb Schritte hin, fünfeinhalb Schritte her. An Denken war diesmal nicht zu denken. Fünfeinhalb …

Schritte im Korridor. Kräftige, begleitet von einem regelmäßigen kleinen Knarren. Warum zu dieser schon beinahe abendlichen Stunde? In der Abteilung wurde es still, ganz still. Keine Wasserspülung, kein Husten, nur angespannte, nervöse Stille.

Die Schritte machten vor meiner Zelle halt. Warum?

Am Spion das Wolfsauge, nach ihm noch ein anderes. Und abermals das Wolfsauge und dann das andere, das braun war. Ich kehrte der Tür den Rücken, vernahm trotzdem ein Flüstern. Warum flüsterte man vor meiner Zelle? Mein Herz wurde unruhig, ich mußte mich an die Wand lehnen. Das war verboten, aber was!

Auf dem Korridor ging das Flüstern weiter. Das Wolfsauge, das braune Auge. Atmen wurde schwierig, weil das Herz gegen die Rippen zu stürmen schien. Gegen seine Gitter, fiel mir ganz unsinnig ein. Warum befehlen sie mir nicht, ich solle die Hände zeigen? Ich habe sie doch hinter dem Rücken verschränkt, und das darf ich ja nicht. Und ich kratze mit den Nägeln an der Wand, das darf man schon gar nicht. Bei der nächsten Zellenkontrolle werden sie ganz schön toben. Aber ich kann einfach nicht …

Rrrum! Die Zellentür flog krachend auf.

»Ein Untersuchungshäftling Nr. 2814 …«

Gegenüber meiner Tür befand sich im Korridor eine andere, an der ein Schild mit der Nr. 1003 hing. Ich sollte nicht hinschauen, darf das doch nicht sehen. Aber ich sah es zwischen den beiden Aufsehern, die jetzt auf meiner Schwelle standen. Der eine hatte ganz hübsche braune Augen, der andere die mir bekannten verschwommen blauen.

Eintausenddrei. Der oder die muß schon lange hier sein. Mir wurde übel.

»Verbinden Sie sich die Augen«, sagte der Braunäugige und schimpfte nicht, obwohl ich mich noch immer an die Wand stützte. »Sie kommen mit. Und packen Sie Ihr ganzes Zeug.«

Mein ganzes Zeug? Warum? Die beiden Decken, den Fußbodenlappen, das ärarische Taschentuch. Das Wolfsauge streckte den Arm aus und reichte mir aus dem Korridor den Pappbecher mit meiner Zahnbürste und Zahnpaste, ein glitschiges Stückchen Seife und meinen Kamm, dem laut amtlicher Feststellung vier Zähne fehlten.

Wie sollte ich das alles in den Händen halten? Und mit

verbundenen Augen tragen? Und wohin, wohin, um Gottes willen?

»Nehmen Sie auch das Brot mit. Packen Sie es in die Decken. Und ein bißchen dalli. Verbinden Sie sich die Augen und los!«

Aber ich hatte die zusammengerollten Decken in den Händen. Der braunäugige Mann in der grünen Uniform griff nach meinem feuchten Handtuch, das in dem düsteren Korridor nur langsam und nie völlig trocknen konnte, faltete es mit seinen großen, mit einem Ehering am vierten Finger verzierten Händen zweimal zusammen und verband Nr. 2814 die Augen.

»So. Wir können gehen.«

Den Korridor kannte ich, wurde schon ungezählte Male hier durchgeschleust. Neunzehn Schritte bis zum rasselnden Gitter. Hoffentlich rutscht mir nichts von dem Zeug aus den Händen. Jetzt müßten wir schon beim Aufzug sein.

»Bleiben Sie stehen.«

Ich senkte den Kopf, versuchte, durch den Spalt unter der Nase etwas zu sehen. Eins, zwei, drei, vier. Offenbar warteten noch vier Untersuchungshäftlinge mit mir. Die Füße vorne könnten einer Frau gehören. Sie war noch nicht lange hier, hatte glatte Fersen. Wenn ich bloß wüßte ... Ruhig bleiben, ermahnte ich mich, wahrscheinlich werde ich nur wieder in eine andere Zelle verlegt. Zurück zu Dana? Unsinn, das wäre ein Wunder, und die gibt es hier nicht. Der neben mir Stehende hat gräßliche Füße, geschwollen und blau angelaufen. Vielleicht ist es gut, daß sie mich in eine andere Zelle bringen, hoffentlich in eine kühlere. Der neben mir ist sehr nervös, ich kann spüren, wie er zittert. Aber es konnte ihn kaum sein erstes Verhör erwarten, seine Fersen waren schon sehr zersprungen. Ob er merkte, daß ich meine ganzen Sachen in den Armen halte?

Mein Begleiter stieß mich leicht an. Völlig überflüssig, ich hörte doch, daß der Aufzug gekommen war. Wir fuhren irgendwohin hinauf. Vier Fußpaare in den ständig feuchten, stinkenden Halbpantoffeln und mit jedem ein Paar schwarzer Halbschuhe über grünen Socken stiegen beim ersten Anhalten aus. Wir fuhren weiter, jetzt aber zu meiner Überraschung hinunter. Warum? Die Fahrt wollte kein Ende nehmen. Doch endlich blieb der Aufzug stehen.

»Kommen Sie!«

Ein neuer, bislang unbekannter Korridor. Sollte ich am Ende …?

Aufhören! Jetzt ist nicht die Zeit zum Phantasieren. Hoffentlich sind wir bald am Ziel, lange kann ich die Sachen nicht mehr tragen. Meine Arme und Hände sind bleiern und steif. Offenbar halte ich nicht mehr viel aus. Warum bugsiert man mich auf einmal nach links?

»Bleiben Sie stehen, und nehmen Sie das Zeug von den Augen!«

Aber ich hatte die Arme voll. Konnte nur stehenbleiben.

»Na, wird's? – Ach so!« Jemand nahm mir das Handtuch von den Augen. Es war der Braunäugige.

Ich zwinkerte, versuchte mich umzublicken. Wo war ich? War das ein Baderaum? Allerdings gab es hier keine Duschen, nur weiße Kacheln an der Wand und unter den Füßen. Ich konnte nichts verstehen, bekam Angst. Warum weiße Kacheln ringsum? Warum war hier dieser Sack mit der Nummer 2814, mit meiner Nummer? Mein Gott! Das ist doch …

»Ziehen Sie sich um. Sie finden alles in dem Sack, und beeilen Sie sich. Ich warte draußen.«

Umziehen? Er wartet draußen? Eigentlich war mir das egal, ein Auge in der Tür oder neben mir, das machte keinen Unterschied. Ich holte tief Atem und langte nach dem Sack. Holte mein Kleid hervor. Mein gestreiftes blaues Sommerkleid. Damit pflegte ich einst – vor wie langer Zeit? – in den Park zu gehen, meine Kleine mit ihrem weißen Teddybär an der Hand. Oder mit meinem Mann ins Kino. Und jetzt … Ruhe, gebot ich mir, jetzt nicht an so etwas denken. Als nächstes zog ich meine Unterwäsche hervor. Alles war völlig verknautscht nach mehr als einem Jahr in der Tiefe des Sackes. Aber ich mußte es anziehen. Ich schlüpfte aus der Männerhose und der Jacke aus Sackleinen, die hier meine Kleidung waren. Hoffentlich weiß ich noch, wie man etwas zuknöpft. Meine Finger wollten mir nicht gehorchen. Zu dumm, beunruhigte ich mich, ich muß mich doch beeilen, sonst werden sie schimpfen und schreien. Oder plötzlich hereinstürzen und … Auf keinen Fall darf ich mir jetzt leid tun und schon gar nicht weich werden. Jetzt nicht. In dem Sack müßte auch ein Taschentuch sein.

Ich hatte keine Ahnung, wie ich aussah, aber es fiel mir ein, ich müßte wohl etwas mit meinen Haaren tun. Einen Augenblick überlegte ich, dann fuhr ich mit dem Kamm, dem vier Zähne fehlten, durch meine länger gewordene Mähne und band den Schopf entschlossen wie bisher mit einem gefalteten Blatt Toilettenpapier zusammen. So. Dann bückte ich mich schnell über die abgelegte Hose und zog aus einer losen Naht mein Streifchen blauer Pappe hervor, ließ es unter dem Kleid verschwinden.

Hatte das überhaupt einen Sinn? Warum wollte ich es mitnehmen? Ich wußte doch gar nicht, wohin man mich bringen würde. Der einzige Weg von hier führt zum Gericht, das hatte man mir oft genug eingebleut … Warum will ich mich von meinem blauen Streifchen nicht trennen? Wo steckt wieder das Taschentuch? Und die Hände? So dürften sie doch gar nicht zittern.

Auf dem Grund des Sackes mit meiner Nummer schien noch etwas zu liegen. Ich wollte nachsehen …

»Na, sind Sie endlich so weit? Werden Sie noch heute fertig?« Der Braunäugige stand in der Tür. Ich ließ den Sack fallen.

»Ich bin schon fertig.«

Er rückte ein wenig zur Seite. Zwei unbekannte Männer in Zivil blickten herein.

»Kommen Sie«, sagte einer von ihnen und reichte mir eine große schwarze Brille an einem Gummibändchen und mit anliegenden Rändern, wie sie Motorradfahrer zu tragen pflegen. »Setzen Sie das auf«, sagte er beinahe freundlich.

Ich gehorchte. Die Brille hatte undurchsichtige Gläser.

Die beiden in Zivil brachten mich in ein Büro. Jemand befahl mir, die Brille abzunehmen. Vor meinen Augen flimmerte es, ich schwankte, griff um mich, erwischte den einen am Ärmel.

»Na, na«, sagte er, bot mir aber keinen Stuhl an.

Auf dem Tisch lagen einige Papiere.

»Unterschreiben Sie das hier«, wurde ich aufgefordert, und man schob mir ein Blatt zu.

»Was ist das?«

»Der Entlassungsschein aus dieser Anstalt.«

Aus dieser Anstalt. Und danach? Das Flimmern vor meinen Augen nahm zu. Ich wollte das Schreiben lesen, aber die Buchstaben hüpften auf und ab. Ich mußte mich am Tisch festhalten.

»Machen Sie schon, sonst kommen wir nicht weiter.«

Sie standen rechts und links von mir. Mühsam unterschrieb ich den Entlassungsschein.

Nach dieser Prozedur wurde mir die schwarze Brille wieder aufgesetzt. Hätte ich mich wehren, hätte ich schreien sollen? Ich konnte kaum stehen und gehen.

Die schwarze Brille, eine schwarze Welt. Nichts als die Farben der Nacht. Das konnte nur das Ende sein. Jetzt werde ich nicht einmal die nackten Fersen meiner Leidensgenossen mehr sehen. Nur dieses Schwarz. Immer und überall. Und vor einem Augenblick habe ich noch geglaubt ... Wie konnte ich bloß so dumm sein! Warum kann ich nicht begreifen, daß jetzt das Ende kommt. Das Ende.

Von neuem wurde ich durch einen Korridor geführt, konnte nicht feststellen, ob ich schon einmal dagewesen war. Eine Männerhand umklammerte meinen Arm im kurzen Ärmel des Sommerkleids, lenkte mich in eine bestimmte Richtung. Plötzlich verspürte ich einen Luftzug, Sonnenwärme auf dem Gesicht. Wir waren ins Freie getreten.

Die Männerhand schob mich in ein Auto. Jemand saß neben mir. Der widerliche Geruch von Benzin stieg mir in die Nase. Mein Herz konzentrierte seinen verrückten Puls in die Halsschlagader. Ich konnte nur stoßweise atmen. Ein Motor sprang an. Von vorne fragte eine Männerstimme:

»Können wir fahren?«, und eine andere Stimme neben mir antwortete: »Los!«

Der Wagen setzte sich in Bewegung.

So ähnlich bin ich doch schon früher einmal gefahren. Der neben mir hatte damals einen Revolver auf den Knien und der vorne ebenfalls. Ich hatte keine verbundenen Augen, obwohl Krieg war. Und ich mußte damals sogar beinahe lachen: Vier Männer mit Pistolen unterwegs mit einem Mädchen!

An jenem Tag wurde ich durch Paris gefahren. Staunte über das scheinbar noch normale Leben in den Straßen, die unbekümmerten Menschen auf den Kaffeehausterrassen, die alten Damen, die unbeirrt durch etwaige Fliegeralarme ihre lieben Hündchen spazierenführten. Umringt von meinen bewaffneten Wächtern, beobachtete ich die Boulevards und Straßen, durch die ich transportiert wurde, erkannte, daß wir den Platz der Republik überquerten, den so oft besungenen und so oft verdammten Knotenpunkt der Französischen Revolution. Kurz danach fiel ein Tor hinter mir zu, ich wurde in einem Gefängnishof ausgeladen und in eine unwirtliche Zelle gebracht. Aber alles mit offenen Augen.

Als man mich ein halbes Jahr später mit einem rechtsgültigen Freispruch, dem französischen »non lieu«, aus der Einzelhaft entließ, wurde ich ungeachtet dessen wiederum als Häftling eskortiert. Diesmal war ich mit zwei Polizeibeamten in einem Zug unterwegs. Ich konnte aus dem Fenster schauen, sah Städte, Dörfer, Menschen und Tiere vorbeiziehen, Wiesen, Felder und Wälder und immer mehr Berge.

»Wohin bringen Sie mich?«

Das war freilich eine völlig sinnlose Frage. Ich war ja keine Reisende schlechthin, sondern eine eskortierte Verdachtsperson, eine lästige Ausländerin, und meine beiden Begleiter waren instruiert, kein Wort an mich zu verlieren. Dennoch sagte der eine auf meine hartnäckig wiederholte Frage plötzlich mit einem Grinsen, das ich nicht zu enträtseln wußte:

»Au château des belles femmes.« Ins Schloß der schönen Frauen.

Ein gut oder schlecht gemeinter Scherz, der in mir sofort ganz eindeutige Befürchtungen auslöste. In ein ... Oder von neuem in ein Gefängnis? Was sonst konnte das heißen?

Ich wurde in Rieucros, dem Internierungslager für unerwünschte, verdächtige oder sonstwie unliebsame Ausländerinnen, abgeliefert. Bei den Bewohnern des benachbarten Städtchens Mende trug es die vielleicht einem Wunschtraum entsprungene, aber durchaus irreführende Bezeichnung eines Schlosses schöner Frauen.

Als man mich der Lagerleitung übergab, sah ich mich schnell um und stellte beruhigt fest, diesmal an frischer, sogar beinahe allzu frischer Luft zwischen unbesiedelten Bergrücken und unter einem Steinbruch in einer Anhäufung von Holzbaracken gelandet zu sein. Meine Augen nahmen die ganze Umgebung zur Kenntnis, sie suchten und fanden Stützpunkte, tasteten die Gesichter der Mitgefangenen und des Wachpersonals ab. Niemand verbot mir zu schauen, zu sehen, die mir zugewiesene Kleinwelt mit den Augen zu erfassen.

Jetzt transportierte man mich, eingezwängt zwischen zwei Männern, die ich beim Einsteigen nicht gesehen hatte, mit einer undurchsichtigen Brille auf der Nase und nur den Farben der Nacht vor Augen einem unbekannten Ziel entgegen.

Ich besaß noch eine dritte Erfahrung als amtlich deportierte Person. Die war sogar abenteuerlich. Im Laufe der turbulenten Exilgeschehnisse landete ich auf der Reise aus dem unwirtlich gewordenen Frankreich in das großherzige Asylland Mexiko auf einem schwerbeladenen Flüchtlingsschiff erst einmal vor der Küste Marokkos. Vor uns lag, nur durch eine nicht allzu breite Wasserfläche getrennt, die weiße Stadt Casablanca. Verlockend und unnahbar, zehn Tage und zehn Nächte lang. Dann kam es zu einer überraschenden und beunruhigenden Maßnahme. Die Passagiere, durchweg aus von der Wehrmacht besetzten Ländern geflohene Menschen, wurden in zwei Gruppen eingeteilt. In eine, die immerhin etliche hundert Personen zählte, wurde ich eingereiht. Man brachte uns mit Motorbooten an Land und kommandierte uns im Hafen in einen dort wartenden Zug. Der setzte sich auch sofort in Bewegung. Wir saßen oder standen zusammengepfercht in den recht erbärmlichen, wohl schon altersmüden Wagen, wußten nicht, wohin die Reise ging, noch was uns an ihrem unbekannten Ziel erwartete. Es gab keine Information und auch niemanden, der sie uns hätte erteilen können. Nur ein paar Soldaten, offenbar die Wache, liefen wortlos durch den Zug.

Allem Anschein nach war ich wieder einmal verhaftet. Warum? Eine müßige Frage in Zeiten von Krieg und allgemeinem Chaos. Aber ich war jung und befand mich – wiewohl unfreiwillig – selbst unter diesen unliebsamen Umständen auf einer Reise durch Afrika. Das war auf jeden Fall ein tolles Erlebnis.

Die Strecke führte zuerst durch eine gepflegte Vorstadt von Casablanca. Weiße Häuser standen in Gärten mit üppiger Blumenpracht. Das Diplomatenviertel, meinte jemand. Bougainvileen in leuchtenden Farbschattierungen wucherten über Zäune. Springbrunnen und Palmen zogen vorbei. All das war jedoch bald zu Ende. Wir entfernten uns vom Meer, die Landschaft wurde öde, nur da und dort ein paar Kaktusstauden, ein Mann auf einem Maultier, ein anderer mit zwei beladenen Kamelen. Eine verschleierte Frau, elend gekleidet, ausgelassene Kinder. Afrika!

Wohin verfrachtete man uns? Alle Zugfenster waren dicht besetzt, die Menschen wurden jedoch still und stiller.

Dann kreischte die geplagte Lokomotive plötzlich, durch die Wagen ging ein kräftiger Stoß, und der Zug blieb stehen. Von irgendwo ertönte der Kommandoruf: »Sortez! – Aussteigen!«

Wir kletterten aus den Wagen. Gluthitze schlug uns entgegen. Ein Häufchen französischer Offiziere hieß uns antreten. Ich sah mich um. Nichts als Sand. Hier endete der Schienenstrang. Vor uns nur die Wüste und zwei Reihen Wellblechbaracken. Am Rande der Sahara?

»Vous êtes au camp Oued-Zem.« Sie befinden sich im Lager Oued-Zem.

Das klang nicht gut und war es auch nicht. Aber ich konnte mich umsehen, die neuartige Umgebung mit den Augen erforschen, konnte versuchen, mich in der unerwarteten Lage zurechtzufinden.

Paris, Rieucros, Oued-Zem waren trotz allem, trotz aller Schrecken und Gefahren, Erlebnisse. Jetzt fuhr man mich mit verbundenen Augen durch meine Heimatstadt.

Ringsum mußte schon der Abend des Sommertages angebrochen sein. In solcher Stunde sitzen die Menschen auf ihren Balkonen, schauen aus den Fenstern, rufen einander etwas zu. Lachen. Bestimmt lachen sie auch. Trinken eisgekühlte Fruchtsäfte oder Bier. Eilen zu Verabredungen. Erzählen einander etwas, flüstern miteinander.

Aber zwischen ihnen und mir war eine schwarze Brille, war ein Auto und Unsicherheit und Angst.

Es ist schamlos, solche Unmenschlichkeiten, so verteufeltes Handeln als sozialistische Gerechtigkeit kamouflieren zu wollen. Es war einfach …

Der Wagen blieb stehen. Wahrscheinlich leuchtete das rote Licht einer Verkehrsampel, und vor dem Fahrzeug überquerten Menschen die Straße. Vielleicht warfen manche im Vorbeieilen einen flüchtigen Blick in das Auto und sahen zwischen zwei Männern eine Frau mit einer dunklen Brille auf der Nase. Nichts Besonderes, im Sommer trägt jeder zweite eine Sonnenbrille. Wer konnte ahnen, daß man dieser zusammengekauerten Person bereits anderthalb Jahre ihres Lebens gestohlen hatte und sie jetzt auch noch irreführte, indem man ihr in grotesker Weise den einzigartigen, unwiederholbaren Augenblick der Befreiung vortäuschte.

Der Befreiung? Konnte ich diese Hoffnung nicht aufgeben?

Schien die Sonne? Dämmerte es bereits? Im Wagen, eingeklemmt zwischen den beiden Beamten, war mir schwül. Ich hörte Menschen ganz in der Nähe, konnte sie nicht sehen, und sie konnten nicht wissen, an wem und woran sie in diesem Augenblick vorbeiliefen. Und dabei gab es doch nur ein Auto zwischen uns, zwischen den Menschen und mir, nur ein Auto und ein verletztes Leben. Nur ein Auto und überhaupt alles.

Der Wagen setzte sich erneut in Bewegung, die Ampel zeigte jetzt wohl ihr grünes Licht. Die Fahrt ging durch weitere Straßen, stockte an weiteren Kreuzungen. Die Männer schwiegen. Wenn ich tiefer Atem holte, rieb sich mein nackter Arm am glatten Stoff des Herrenjacketts neben mir. Wohin fuhr man mich? Wollte dieser gespenstische Tag kein Ende nehmen? Ich war sehr müde, vielleicht wurde es gerade deshalb in mir allmählich ruhiger, sogar ganz still. Jetzt ist schon alles egal. Egal, vorbei und tot.

Die Farben der Nacht.

Sie ist anscheinend eingeschlafen, mochte der Mann neben mir denken, wenigstens macht sie kein Theater. So eine Brille ist eine gute Sache.

Haben wir die Stadt etwa hinter uns gelassen? Ringsum gibt es jetzt weniger Leute, das höre ich doch.

Aber ich möchte die Menschen sehen, ich möchte … Und wenn ich die gräßliche Brille auf einmal hinunterreiße? Jetzt kann mir ja nichts mehr passieren, wo doch schon alles passiert. Die Fahrt nimmt kein Ende, und ich will nicht mehr. Ich war müde und glaubte zu fallen. Unaufhaltsam und immer tiefer und tiefer.

»Halt«, sagte der Mann neben mir plötzlich, und die

Bremsen quietschten. »Nehmen Sie die Brille ab, und steigen Sie aus.«

Jetzt also ist es soweit. Ruhig atmen, redete ich mir zu, nicht so schnell, regelmäßig. Ich erhob mich mühsam und kletterte ganz langsam aus dem Wagen. Ruhig atmen und nicht zittern.

Mein Gott, Bäume! Pappeln in zwei Reihen. Wieso standen sie nicht still? Sie schienen auf mich zuzukommen und entfernten sich wieder. Zu mir und von mir. Und ich habe mich doch so nach Bäumen gesehnt. Die Sonne mit ihren gleißenden Farben versteckte sich hinter einer Wolke. Die Bäume blieben da. Wie oft habe ich Dana gesagt, daß ich wenigstens ein Weilchen einen Baum sehen möchte. Ich weiß nicht, warum ich mir das so wünschte. Jetzt waren ganz viele Bäume um mich, aber sie schwankten, bewegten sich wie Gespenster. Wie gute oder wie böse Geister?

Nur ruhig und tief atmen. Und vorsichtig auftreten. Der Pfad ist holprig, und ich bin das Gehen in Schuhen nicht mehr gewöhnt. Mein Kopf begann reißend zu schmerzen, auch er war nicht mehr an frische Luft gewöhnt. Ich versuchte an nichts zu denken, meinen Blick an den schwankenden Bäumen festzuklammern.

Verrückt! Jetzt begann eine Melodie in meinem Kopf zu summen: »Wo sind sie geblieben ...?« Wie in einer Spieldose: »Wo sind sie geblieben?«

All das in einem einzigen Augenblick. Unsinnig durcheinander, im letzten Augenblick.

»Wir gehen jetzt ein bißchen.« Die beiden Männer nahmen mich in ihre Mitte. Der eine war älter, der andere noch ganz jung. Sie führten mich schweigend über einen Wiesenpfad oder Feldweg. Warum gerade hier? Weit und breit gab es kein Lebewesen. Wo waren wir überhaupt? Ich blickte starr vor mich hin. Auf den Weg und die wippenden Pappeln.

»Stalin ist tot«, sagte mit einemmal der ältere. Ich nickte mechanisch. Er war ja schon alt, irgendein Geburtstag von ihm wurde groß gefeiert. Der siebzigste oder achtzigste?

»Ja, Genosse Stalin ist tot«, wiederholte jetzt der jüngere, der wie ein hungriger Student aussah.

Warum sagen sie mir das? Wollen sie meine Reaktion sehen? Aber ich habe keine Reaktion, ich habe nur fürchterliche Kopfschmerzen. Muß ich hier noch lange weitergehen?

»Genosse Gottwald ist auch gestorben, bald nach Stalin«, ließ sich jetzt wieder der ältere vernehmen.

»Wer noch?« stieß ich hervor und erschrak. So hätte ich das nicht sagen sollen.

Die beiden zeigten jedoch keine Empörung, gingen nur ständig weiter zwischen den Wiesen oder Feldern. Die Pappeln hatten wir schon hinter uns gelassen, jetzt säumten nur kümmerliche Bäumchen den holprigen Pfad. Ich hatte Durst.

»Ja, es gab auch einen Prozeß mit Slánský und seiner Bande. Endeten alle am Strick.«

Ich blieb stehen. Was sagten sie da? Warum sagen sie mir so etwas? Meine Füße wollten nicht mehr gehorchen. Jetzt nur nicht umfallen. Wovon sie sprechen, das geschah vielleicht in jener Nacht im Gefängnis, als kein Aufzug summte und draußen Motoren schwerer Fahrzeuge ansprangen. Dana hatte gesagt: »Das muß etwas Großes sein. Eure Leute gehen wahrscheinlich vors Gericht.«

Die Bäumchen am Wegrand hüpften vor meinen Augen wild auf und ab. Hatte ich ein Messer im Kopf? Hielt mir jemand ein Messer an den Hals? Nicht umfallen.

Der ältere Mann trat mit dem Absatz sein weggeworfenes Streichholz in den Staub, griff in die Rocktasche und holte ein Bündel Geldscheine hervor.

»Das gehört Ihnen«, sagte er, »das hat Ihnen Ihr Mann geschickt.«

Warum hat mir mein Mann fremdes Geld geschickt? Solche Scheine habe ich noch nie gesehen. Und warum geben sie es mir jetzt, gerade jetzt?

»Inzwischen fand eine Geldreform statt«, bemerkte der Jüngere.

Ich hatte keine Ahnung, wovon er sprach.

»Bring ihr die Sachen aus dem Wagen«, befahl der ältere Mann, und der jüngere eilte zum Auto zurück.

Die Bäumchen am Wegrand streckten ihre dünnen Zweige nach mir aus. Ich war todmüde, blieb aber nicht stehen, ging wie auf fremden Füßen.

Der junge Mann kam zurück und reichte mir etwas in Weihnachtspapier Eingewickeltes und ein Paar weiße Wollsocken.

»Da, nehmen Sie, diese Sachen hat Ihnen Ihr Mann zu Weihnachten geschickt. Jetzt können Sie sie schon haben. Auch das Geld. Ist völlig in Ordnung, genau nachgezählt und eingetragen.«

Ich preßte das Weihnachtspaket und die Wollsocken an mich, hielt in der anderen Hand das Bündel unbekannter Geldscheine. Mir wurde schwindlig, aber ich konnte mich nirgends festhalten.

»So, das wäre soweit alles«, erklärte der Ältere, blieb stehen und wies mit der Hand in irgendeine Richtung. »Wenn Sie zur Straßenbahn kommen wollen, müssen Sie dorthin gehen. Und sehen Sie zu, ja keinen Unsinn zu machen.«

Damit ließen sie mich stehen, der Ältere wandte sich noch einmal um. Dann sprang hinter mir das Auto an. Die beiden stiegen ein und fuhren fort.

Ich blieb auf dem Wiesen- oder Feldweg, allein mit meinen neuen Habseligkeiten. In meinem Kopf dröhnte es, in meinem Kopf war eine Säge.

Sie sind weg, flüsterte ich mir zu, sie sind weg, und ich bin hier und lebe. Also los, schön langsam gehen, das schaffe ich schon. Ich bin allein, und sie sind weg.

Ich blickte mich um. Aber da waren nur die schwankenden Bäumchen, und wo ich mich befand, wußte ich nicht. Während der fünfzehn Monate meiner Haft wurde ich nur dreimal zu einem ganz kurzen Ausgang auf den Gefängnishof geführt. Jetzt umgab mich plötzlich Natur und ein Sommerabend Ende August. Ich konnte mich umschauen, konnte alles sehen. Neben den Weihnachtsgeschenken hielt ich auch einen Zettel in den Händen mit der Bestätigung, daß ich von ... bis ... in Untersuchungshaft war. Auch den hatten mir die beiden übergeben, sonst nichts. Völlig verwirrt, ratlos und erschöpft stolperte ich einer größeren Baumgruppe entgegen. Als ich sie erreichte, erkannte ich, daß ich anscheinend am Rande einer Parkanlage gelandet war.

Nach einer Weile fand ich zu meiner Erleichterung eine Bank. Hinter mir standen jetzt schöne hohe Bäume, gab es einen gepflegten Rasen. War hier das Ende eines Parkes? Oder sein Anfang? Wo könnte ich bloß sein?

Ich lehnte den Kopf zurück, aber da wurde mir gleich wieder ein bißchen schwindlig. Schnell versuchte ich lieber, vor mich hin zu sehen, und erblickte dabei einen unweit vorbeilaufenden Jungen. Er mochte etwa zehn bis zwölf Jahre alt sein. Ich riß mich zusammen.

»Hör mal«, rief ich, »kannst du mir bitte sagen, wo ich bin?«

Der Junge blieb stehen, starrte mich einige Minuten lang entgeistert an und rannte dann sehr schnell weiter.

Kein Wunder, dachte ich und war dem Weinen nahe. Da sitzt eine erwachsene Frau mitten im Sommer mit einem Weihnachtspaket und Wollsocken im Schoß auf einer Parkbank und erkundigt sich, wo sie ist. Das kann nur eine Verrückte sein. Also lieber weg von ihr.

Weg wollte ich auch, blieb aber vorsichtshalber noch eine Weile sitzen, versuchte ein wenig Ordnung in mir zu schaffen. Was hatte man mir auf meinen neuen Lebensweg mitgegeben? Daß Stalin und Gottwald gestorben sind. Ja und? Das erklärte mir doch gar nichts. Vielleicht will man ihnen, weil sie tot sind, die Schuld für alles Geschehene in die Schuhe schieben. Um die Partei zu schonen. Welche Partei? Gab es die überhaupt noch? Wer verbarg sich in Wirklichkeit hinter dieser Bezeichnung? Wer hat diese ganze Katastrophe, die über unser Land und seine Menschen hereingebrochen ist, verschuldet und zugelassen?

Laß das, gebot ich mir, jetzt ist dafür nicht die richtige Stunde. Steh auf, und geh nach Hause. Zu deinem Kind, zum Mann. Aber ich war müde, schrecklich müde. Wahrscheinlich zu viel frische Luft auf einmal. Auch hatte ich schon ein halbes Jahr keine Post von zu Hause. Und war müde, fürchterlich müde. Niemand schreibt Ihnen, hatten die Referenten auf alle meine Fragen behauptet. Das konnte nicht wahr sein, aber was war wahr? Angst schnürte mir die Kehle zu. Ich bückte mich vorsichtig und bemerkte dabei, daß ich widerlich weiße Beine hatte, wie ausgebleicht, wie nie zuvor.

Als ich mich wieder aufrichtete, ging gerade ein junger Mann mit einer großen Melone im Arm vorbei. Beim Blick auf ihn fiel mir zuerst ein, daß ich so ein schweres Stück jetzt kaum in meinen Händen halten könnte. Und dann: Er trägt eine reife Melone, und ich sitze hier mit Wollsocken und einem Weihnachtspaket im Schoß. Komisch!

Bei diesem Gedanken mußte ich lachen. Endlich! Vielleicht unhörbar, vielleicht laut. Ich lachte und weinte zugleich ein wenig. Der junge Mann blieb verblüfft stehen.

Ich raffte mich auf und fragte leise nach dem Weg zur nächsten Straßenbahnhaltestelle. Er zeigte mir mit seiner freien Hand die Richtung, blieb noch ein paar Sekunden unschlüssig stehen und ging dann kopfschüttelnd weiter.

Ich stand auf und machte mich auf den Weg. Allmählich glaubte ich zu erkennen, daß ich ganz am Ende des Baumgartens, in der Nähe des Schlosses Troja war. Unterwegs begegnete ich Menschen, wurde unsicher, aber niemand beachtete mich. Ich trank geradezu alles ringsum mit den Augen, sah die untergehende Sonne über die Rasen streifen, konnte sie sehen, die Farben der Sonne, sie waren noch da.

Die Farben der Nacht sind vorbei, sagte ich mir, wagte es aber nicht ganz, daran zu glauben. Vor allem muß ich mich gründlich ausschlafen, versuchte ich mich zu beruhigen. Und das Kind und der Mann ... Alles vorbei? Und zu Hause? Was werde ich vorfinden? Die Bäume begannen von neuem auf und ab zu wippen, auf mich zuzukommen. Ich mußte stehenbleiben, Atem holen.

Was wird zu Hause sein? Was werden sie sagen?

Was werde ich ihnen sagen? Dem kleinen Mädchen und dem sorgengeplagten Mann?

Endlich erreichte ich die Haltestelle der Straßenbahn. Ich stieg ein und hielt dem Schaffner ängstlich eine Handvoll Münzen hin, wußte nicht, wie ich zahlen sollte. Der Mann blickte mich erstaunt an, wandte dann schnell den Blick weg und sagte: »Dort ist ein Platz frei. Setzen Sie sich.«

Hat er erkannt?

Als ich meine kleine Familie, die zwei Wochen vor meiner Entlassung aus Prag in die Provinz umgesiedelt wurde, endlich fand und wiedersah, war das vor allem für das Kind nicht einfach. Woher kam die Mutter plötzlich? Wo war sie die ganze lange Zeit? Die krampfhaften Versicherungen des Vaters, sie habe irgendwo eine wichtige Arbeit, leuchteten der Sechsjährigen nicht ein. Wichtig war eine Mutti zu Hause. Und wieso wußte sie jetzt nicht, wieviel das Brot kostet, und warum ging sie so ängstlich mit den Geldscheinen um? Und warum hat sie lange Haare und ein so blasses Gesicht?

Eigentlich war es erstaunlich, wie es uns dreien, ungebetenen Gästen in einer fremden Stadt ohne Freunde und jeglichen Anhaltspunkt, wie es uns dennoch gelang, diese komplizierte Etappe in unserem nun wieder gemeinsamen Leben verhältnismäßig schnell zu überbrücken und in ein mehr oder weniger »normales« Dasein umzusteigen.

Sehr normal war es nun wieder nicht. Da gab es zum Beispiel einen Sonntag mit blauem Himmel und strahlender Sonne, und so beschlossen wir, ein bißchen die Umgebung unserer neuen Heimatstadt zu erforschen. Bald marschierten wir auf einer ruhigen Landstraße, die zu beiden Seiten Obstbäume säumten. Bienen summten um unsere Köpfe.

Mein Mann blieb mit einemmal stehen und stellte fest:

»Da oben ist alles voll von reifen Pflaumen. Ich hole ein paar herunter.«

Er war hochgewachsen, mußte bloß die Arme ausstrecken und ließ mühelos eine Pflaumenbescherung auf uns herunterprasseln. Unser Töchterchen war begeistert, ich sammelte die verführerisch glänzenden Früchte, wollte keine einzige liegenlassen, sah mich dabei um – und erstarrte.

Hinter der Baumreihe, an die wir uns herangemacht hatten, standen einige große strenge Gebäude. Das zentrale Frauengefängnis in unserem Land.

»Mach Schluß«, rief ich entsetzt.

Mein Mann hielt erstaunt inne, sah sich nun gleichfalls um und bemerkte dann gelassen:

»Wegen dieser Nachbarschaft? Man hat uns genug angetan. Jetzt revanchieren wir uns ein ganz klein wenig.« Und er lachte.

Da löste sich etwas in mir, ich begann sogar, ebenfalls zu lachen, die Kleine schloß sich uns ahnungslos und vergnügt an. Wir lachten vor den düsteren Gebäuden zu dritt aus vollem Halse.

Schließlich setzten wir unseren Weg fort und futterten dabei genüßlich die gestohlenen »staatlichen« Pflaumen. Ein wenngleich etwas kurioser Schritt ins »normale Leben« war uns gerade gelungen.

Ich liebe es seit jeher, mit der Straßenbahn durch Prag zu fahren. Sie ist inzwischen natürlich moderner geworden, man könnte sagen verjüngt, auch bequemer. Bewegt sich geräuschloser und sanfter. Wenn möglich auch schneller und pünktlich, aber in den überfüllten, oft so engen Gassen geht das nicht immer. Ich sitze meistens zufrieden an einem Fenster und betrachte die Menschen in den Straßen. Was weiß ich von ihnen? Was wissen sie von mir? War das kürzere oder längere Leben, das ein jeder schon hinter sich hat, gut oder eher schlimm? Konnten Pläne verwirklicht werden, oder haben sich niemals erreichbare Vorstellungen aufgezwungen? Jemand blickt fröhlich vor sich hin, jemand traurig, mancher bitter.

Und ich? Zu oft geistert noch der Gutsbesitzer aus dem chinesischen Märchen und das schon in seinen jungen Jahren verdorbene Prachtexemplar durch meine Nächte. Unverheilt quält mich weiterhin die giftige Enttäuschung, daß die spontan und aufrichtig anerkannten, so verheißungsvollen Ideale am Anfang meines Werdegangs, die dann in den schwierigen Zeiten des Zusammenpralls mit der brutalen Weltanschauung faschistischer Totalität ihre Bekräftigung gefunden zu haben schienen, verraten, verdorben, zu ihrem Zerrbild erniedrigt wurden. Woran ich überzeugt geglaubt habe, ist nie verwirklicht worden. War es etwa gar nicht möglich? Haben die Farben der Nacht die Farben der Sonne für immer verdunkelt?

Aber da sind doch noch die Menschen. Kluge und weniger kluge, tüchtige und eher nutzlose, liebenswerte und gehässige, solche, die man nie vergißt, und andere, die man getrost gleich wieder vergessen sollte. Der ganze bunte Garten. Ich hatte – und habe immer noch – das Glück, recht vielen zu begegnen. Auch Künstlern und Schriftstellern, vor allem aber sogenannten einfachen Menschen, die gar nicht einfach, sondern in ihrer Vielschichtigkeit überaus ansprechend sind. Im Laufe meiner schon beträchtlichen Reihe von Jahren lernte ich tapfere und bedenkliche kennen, tatenfreudige und abwartende und insbesondere und immer wieder junge, die mit offenem Visier durch das Getümmel des Lebens schreiten. Neben ihnen verblassen mit der Zeit die Schreckensgestalten der Aufseher, Ermittler, Grobiane und Lügner, die mir, sogar wiederholt, nicht erspart geblieben sind.

Also doch die Farben der Sonne? Doch, doch. Ich brauche sie einfach wie die Luft zum Atmen. Wer weiß, vielleicht ahnt das die Sonne und kehrt deshalb, und sei es auch auf schwierigen Umwegen, trotz allem immer wieder zu mir zurück.

Keineswegs ein Schlußwort

Mit dem steigenden Alter, das einem unaufhaltsam von Jahr zu Jahr aufgebürdet wird, kann man sich nur vorsichtig auf sein Gedächtnis verlassen. Es verhält sich unvorhersehbar, geht seine eigenen Wege, löscht, was sich vor ganz kurzem begab, behält in frischen Farben und überraschender Intensität, was vor langer Zeit geschehen ist, scheint seine eigene Auswahl zu treffen.

Auf den vorangegangenen Seiten habe ich mich mit unwiderruflichen Begebenheiten und Erlebnissen befaßt, die vor einem halben Jahrhundert (!) über mich hinweggegangen sind. Dabei mußte ich stets von neuem innehalten, weil mich die bösen Erinnerungen und meine unfaßbare Wehrlosigkeit dem unmenschlichen Vorgehen gegenüber immer wieder bestürzten, aus der Fassung brachten. Weil ich inzwischen mit reichen neuen Erfahrungen und Erkenntnissen ausgerüstet bin, versuchte ich nun, mir selbst zu erklären, was kaum erklärbar ist. Das konnte mir nicht gelingen. Ratlos und verzagt, blieben meine Hände auf den Tasten meiner guten alten Schreibmaschine liegen.

Aber eines Tages setzte sich mein Gedächtnis wie von selbst und hilfreich in Bewegung. Neben den nachtschwarzen quälenden wurden mit einemmal auch helle und ermutigende Erinnerungen in mir wach. Die versuchte ich schnell festzuhalten, etwa so, wie man nach einem vorbeihuschenden Schmetterling hascht oder eine schöne Melodie im Kopf zu behalten versucht.

Im Leben ist es wirklich »einmal licht, einmal dunkel«, wie es mir vor vielen Jahren ein kleiner Junge vorgesagt hat. Da kann es auch vorkommen, und es geschieht mir immer wieder, daß durchaus nicht zusammenhängende Ereignisse mit einemmal dennoch (mit ihrer tiefgreifenden Wirkung) etwas gemein haben, aufrütteln, erschrecken oder gar Mut machen können. Einige wenige von solcher Art sind in mir fest verankert.

In Europa raste der Krieg. Mexiko, dieses wundersame Stück Welt, unter dessen Menschen ich den guten Teil meiner Exiljahre verbringen durfte, besaß damals neben den vielen auf den Straßen, in Gaststätten, in miserablen Pulquerías und eleganten Nachtlokalen volkstümliche Lieder und billige Schlager auf Gitarren zupfenden und mit rauhen Stimmen singenden Musikergruppen, den bekannten Mariachis, auch ein philharmonisches Orchester. Sein Sitz war das imposante Gebäude des Palacio de Bellas Artes im Zentrum der Hauptstadt México Ciudad.

Im Kriegsjahr 1942 kam über den Ozean eine außergewöhnlich erregende Nachricht. Im eisig kalten, von der Wehrmacht gnadenlos belagerten Leningrad, wo nicht nur die feindliche Armee, sondern im gleichen Maß auch Erfrieren und Verhungern die Menschen erbarmungslos dahinrafften, schuf der Komponist Dmitri Dmitrijewitsch Schostakowitsch seine 7. Symphonie und brachte sie in der von der Welt völlig abgeschnittenen und heroisch nicht unterliegenden Stadt auch gleich zur Aufführung. Mit darbenden Musikern und vor darbenden, aber begeisterten und dankbaren Zuhörern.

In Mexiko schien die Sonne, blühten Orchideen und dufteten Bananen und Mangos, als ich ins Palacio de Bellas Artes eilte, um der – ich glaube nicht zu irren – ersten ausländischen Aufführung der Leningrader Komposition unter der Leitung des Chefs der hiesigen Philharmonie, Maestro Ignacio Chávez, beizuwohnen. Kaum hatten sie vom Entstehen und der phantastischen Uraufführung im fernen todgeweihten Leningrad erfahren, setzten die mexikanischen Musiker alles daran, die Partitur zu erhalten, um ihre künstlerische Solidarität in die Tat umsetzen zu können.

Das große Haus war bis auf den letzten Platz ausverkauft. Europäische Flüchtlinge saßen neben einheimischen Indios, Künstler neben Diplomaten, Studenten, vielen Frauen. Als die Symphoniker in schwarzer Festkleidung – auch unter ihnen zahlreiche Indios – auf der großen Bühne erschienen, nahm ich meine Umgebung noch wahr. Dann hob Chávez den Taktstock, und die Musik setzte ein. Eisige Nacht in Frost und Finsternis umbrauste mich, der verzweifelte Mut und trotzige Lebenswille der eingeschlossenen Menschen. Leise, zaghaft, aber immer wieder schimmerte Hoffnung. Selbst ein gewagtes Belächeln des starren Gegners vermeinte ich zu verstehen. Die volle Schönheit der wortlosen Sprache der Leningrader Symphonie umfing im sonnendurchfluteten Mexiko so eindringlich Kopf und Herz, daß ich dieses Erlebnis immer wieder und beinahe in seiner ursprünglichen Stärke nacherleben kann. Wie etwas Leuchtendes, Bleibendes, Beglückendes.

Die Zeit blieb nicht stehen, ihr Strom brachte im Laufe der Jahre Gutes und Böses, absurd Böses, überraschend Gutes, an mich heran.

Als ich nach dem Krieg als Journalistin zum ersten Mal in das damalige Westdeutschland fahren durfte, das war im Jahr 1962, besuchte ich mehrere Städte, darunter auch Hamburg, wo ich mich vielleicht am wohlsten fühlte. Ich kam ja aus einem isolierten Zipfel Europas. Ziellos und froh lief ich durch die unbekannten Straßen, wollte alles sehen und wahrnehmen: die Gebäude, die Menschen, die Bücher in den Schaufenstern, die schon leicht salzige Luft auf dem Gesicht. Auf einmal zog ein auffallender breiter Papierstreifen an einem wuchtigen Gebäude meine Aufmerksamkeit auf sich. Er war mit sehr farbigen, abstrakten Gebilden in loser, wie mir schien, übermütiger Streuung bedeckt und lud zu einer Ausstellung in dem großen Haus, an dem er befestigt war, ein. Die wollte ich unbedingt sehen, lief hinein und machte mich zum ersten Mal mit der Kunst des Malers Joan Miró bekannt.

Man muß es mir nicht glauben, aber auch diese unverhoffte Begegnung mit dem von allen Fesseln befreiten, lebenssprühenden und lebensbejahenden Werk des spanischen Künstlers hinterließ in mir ein bleibendes, oft unerwartet, gleichsam von sich aus wiederkehrendes Glücksgefühl.

Eine alte Weisheit besagt: Aller guten Dinge sind drei. Deshalb sei mir gestattet, noch eine dritte, nicht allzu lang zurückliegende Sonnenstunde anzuführen.

Eines Tages erledigte ich verschiedene Besorgungen in den gedrängten Straßen der Innenstadt von Prag, als mir ein Plakat in die Augen fiel, das ein Konzert der tschechischen Philharmonie unter ihrem Chefdirigenten Wladimir Ashkenazy ankündigte. Den wollte ich schon immer einmal erleben, jetzt war sogar bei uns zu Hause die Gelegenheit dazu. Ich interessierte mich für das Programm. Eine Komposition von Antonín Dvořák, das sagte mir zu, und … Nein, wieder einmal die Siebente von Schostakowitsch, diesmal in meinem heimatlichen Prag! Ich ging mir schnurstracks ein Billett besorgen.

An jenem Abend war der Konzertsaal im Rudolfinum, dem Haus der Künstler, bis hinauf zu den Stehplätzen völlig ausverkauft. Im Parkett, in der Reihe hinter mir, wurde nur Deutsch gesprochen. Die angeregt plaudernden Damen und Herren waren offensichtlich keine zufälligen Besucher unserer Stadt, keine Touristen. Schön, sagte ich mir, so soll es ja sein. Sie haben hier bei uns eine Beschäftigung, eine Verantwortung; es war viel Zeit notwendig, aber jetzt ist das Leben endlich normal.

Der Auftritt des Dirigenten unterbrach meine staatsmännischen Überlegungen.

Wladimir Ashkenazy ist ein Mann von kleinerer Gestalt, drahtig, könnte man sagen. Er hat ein scharf geschnittenes, ausdrucksvolles Gesicht, alles an ihm ist Bewegung, alle seine Bewegungen sind Musik. Dvořáks vertraute Weisen zogen unter seinen Händen den Saal und alle Zuhörer in ihren Bann.

In der Pause trippelten drei Japanerinnen in prächtig bestickten rosa und taubengrauen Kimonos vor mir durch den Korridor zum Getränkebuffet. Auch das paßte in meine gehobene Stimmung. Wir sind wieder weltoffen, lobte ich uns im Geiste, sogar weltbegehrt. Heimlich nippte ich an meinem Glas auf das Wohl meiner heimatlichen Weltstadt.

Als nächstes stand nun die Leningrader Symphonie Schostakowitschs auf dem Programm. Ich war so aufgeregt, als sollte ich sie selbst dirigieren, tastete mit den Augen die große Besetzung des Orchesters ab, den jäh verstummenden vollen Saal. War unter den älteren Zuhörern vielleicht jemand, der persönliche Erfahrungen mit dem Entstehungsort dieser Musik hatte?

Mein mexikanisches Erlebnis wurde in mir wach, die verständnisvolle, mitgefühlte Aufnahme der humanistischen Botschaft aus eisiger Todesstätte im warmherzigen Sonnenland am anderen Ende der Welt.

Auch diesmal drang die Musik in alle meine Poren ein, in mein Denken, Fühlen und Verstehen. Die kühn schmetternden Klänge ebenso wie die scheuen, zaghaft leisen zurückgehaltener Tränen und die beinahe lächelnd die Todesträger verachtenden. Angesichts des menschenvernichtenden Untergangs eine so schöne, zukunftsverheißende Musik!

Auf meinem Heimweg entlang der still dahinrauschenden Moldau konnten die späten Passanten verwundert einer Frau begegnen, die in der kalten, recht frostig durchwehten Nacht ein strahlendes, glückseliges Gesicht zeigte.

Wer mir bis hierher gefolgt ist, schüttelt jetzt vielleicht den Kopf: Was hat die, sogar zweimal erwähnte, weltbekannte Komposition, was hat der gewiß erfreuliche Besuch einer Ausstellung der Werke Mirós mit dem Bericht gemein, der auf mehr als hundert Seiten den Gegenstand dieses Buches bildet? Da bin ich wohl eine Erklärung schuldig.

Während ich niederschrieb, was ich künftigen Lesern zu

unterbreiten gedachte, wollte ich, ähnlich wie vor Jahren zwischen jenen vier kahlen Wänden, dem vernichtenden Zwang, dem Grauenvollen, das ich anprangern mußte, nicht unterliegen, suchte einen Ausweg aus den finsteren Farben der Nacht.

Einem inneren Zuspruch gehorchend, schlug ich im ungeschriebenen, offenstehenden Buch meiner widersprüchlichen Erlebnisse nach. Ich wollte auch solche hervorholen, deren aufrüttelnder Atem Zuversicht, Freude, ja ein bleibendes Glücksgefühl hervorzaubern und vielleicht einem jeden zugänglich sein könnte. Eine Stunde Glück vermag ein langes Stück dorniger Lebenswege zu erhellen.

Das sind meine Farben der Sonne.

Lenka Reinerová

Prag, im Jahr 2002